KB266649

2

이영숙의 성품큐티

하루 한 편
시편 묵상 2

초판 1쇄 2019년 2월 21일

지은이 이영숙
펴낸이 김희종

책임편집 강우정, 조은혜
디자인 윤지은

펴낸곳 LYS좋은나무성품학교
등록번호 제2016-000074호
등록일자 2016년 6월 16일
주소 서울시 송파구 백제고분로 187
전화 1577-3828
전자우편 goodtree@goodtree.or.kr
홈페이지 www.goodtree.or.kr

ⓒ이영숙, 2019
페이스북 • characterlee

ISBN 979-11-6326-073-8
　　　 979-11-6326-047-9(세트)

하루 한 편 시편 묵상

시편에서 만나는 하나님의 성품

이영숙의 성품큐티

2

LYS좋은나무성품학교

차 례

어릴 적 햇살이
좋은 날이면

어릴 적 햇살이 좋은 날이면 아버지는 집 안에 있는 우물가에 앉아 성경 이야기를 들려주시곤 했지요. 아담과 하와부터 모세 할아버지 이야기, 노아 할아버지 이야기와 에녹 이야기, 다윗과 예수님 이야기까지 쉴 틈 없이 술술 나오는 아버지의 이야기 보따리가 신기하기만 했는데 그 재미있는 스토리들이 '성경'이라는 책 한 권에 모두 담겨 있다는 것을 알게 된 후부터는 성경을 무척 좋아하는 아이가 되어 버렸습니다.

파란색의 손바닥만한 작은 성경을 책가방 속에 넣고 다니면서 어디서나 꺼내 읽던 습관들이 하나님 나라를 탐구하는 사람으로 성장하게 만들었고, 구원받고 하나님의 자녀로 사는 특권을 누리는 사람이 되게 했습니다.

세상의 그 무엇보다도 '성경을 묵상하는 일'이 가장 소중

한 일임을 절감하기에 성경 속에 있는 하나님의 성품을 묵상하면서 '성품 큐티'를 만들었고, SNS로 나누던 글들이 모여 '성품 큐티 시리즈'가 되었습니다.

앞으로도 '성품 큐티 시리즈'를 통해 이 땅의 가정과 직장, 일터 곳곳에서 하나님의 성품을 자세히 알고 닮아가는 일들이 이루어지기를 소망합니다.

이영숙

산바람이 불어오는 창가에서

2019.02

시편으로 가는 길 Ⅱ

시편은 많은 기독교인들에게 사랑 받는 성경말씀입니다.
시편의 히브리어 명칭은 '테힐림(Tehillim)'으로
'찬양', '찬양의 노래'라는 뜻을 갖고 있습니다.
한글개역 성경도 '시들의 책'이란 뜻을 살려
시편(詩篇)이라고 이름을 붙였습니다.

시편은 총 150편으로 이루어져 있고,
다섯 권의 책으로 나뉘어져 있습니다.
제3권은 시편 73편부터 89편까지이고,
제4권은 시편 90편부터 106편까지,
제5권은 시편 107편부터 150편까지입니다.
〈하루 한 편, 시편 묵상2〉는
시편 73편부터 150편까지 담겨 있습니다.

제3권에는 하나님의 성소를 통한 교제와
여호와의 장막의 영광에 대한 내용이 기록되어 있습니다.

제4권은 인간의 방황과 불안에 관한 내용,
하나님께 의지하는 인간의 심정이 담겨 있습니다.
105편, 106편에는 이스라엘 민족이 받은
진정한 축복과 기쁨도 기록되어 있지요.

제5권은 하나님의 말씀과 찬양에 대한
내용이 서술되어 있습니다.

시편은 단순한 시가 아니라
하나님을 찬양했던 사람들이 경험했던
솔직한 심정과 실제적인 신앙을 담은 시입니다.

시편을 읽다보면
우리가 하나님과 어떤 관계를 맺어야 하는지,
어떠한 기도를 드려야 하는지
자세한 안내를 받을 수 있습니다.

하루에 한 편씩, 시편 묵상을 통하여
시련 속에서도 하나님의 손을 놓지 않는
간절한 신앙을 회복하고,
하나님의 성품까지 닮아가는
참된 기쁨을 느껴보시길
소망합니다.

만약 여러분의 인생에 5분이 남았다면
당신은 무엇을 하겠습니까?
인생은 5분의 연속입니다.

성경은 "세월을 아끼라"고 말합니다.
세월을 아끼는 것이 바로 지혜입니다.

지혜란 '내가 알고 있는 지식을
나와 다른 사람들에게 유익이 되도록
사용할 수 있는 능력'
(좋은나무성품학교 정의)입니다.

5분의 연속인 우리 삶에서
당신은 무엇을 선택하겠습니까?

_이영숙의 〈성품, 향기 되어 날다〉 중에서

나를 가까이 함이
너의 복이라

시편 73:23-28 하나님을 사랑하는 마음

23 내가 항상 주와 함께 하니 주께서 내 오른손을 붙드셨나이다

24 주의 교훈으로 나를 인도하시고 후에는 영광으로 나를 영접하시리니

25 하늘에서는 주 외에 누가 내게 있으리요 땅에서는 주 밖에 내가 사모할 이 없나이다

26 내 육체와 마음은 쇠약하나 하나님은 내 마음의 반석이시요 영원한 분깃이시라

27 무릇 주를 멀리하는 자는 망하리니 음녀 같이 주를 떠난 자를 주께서 다 멸하셨나이다

28 하나님께 가까이 함이 내게 복이라 내가 주 여호와를 나의 피난처로 삼아 주의 모든 행적을 전파하리이다

성품묵상

다윗 왕의 신하 아삽이 쓴 시입니다.

왕의 사람으로서 권력의 측근에서 가까이 보니

악한 자들이 재물과 권력으로

승승장구하며 사는 것 같아 마음이 실족합니다.

그러나 그들의 성공이 일장춘몽처럼

허무하게 끝나는 것을 보고 지혜로 깨닫게 됩니다.

결국은 하나님께 가까이함이

진정한 복이라는 것이죠.

진정한 기쁨과 성공이 주 앞에 있습니다.

하나님께 가까이함이 세상에서 누릴 수 있는

최고의 복임을 깨닫게 되길 소망합니다.

기도

주님! 하나님 아버지를 가까이하여 복 받는 사람이 되게 하소서. 날
마다 주의 교훈으로 인도해 주옵소서. 아멘!

내가 모든 만물의
주인이니라

시편 74:16-17, 20-22 주인 되신 하나님

16 낮도 주의 것이요 밤도 주의 것이라 주께서 빛과 해를 마련하셨으며

17 주께서 땅의 경계를 정하시며 주께서 여름과 겨울을 만드셨나이다

20 그 언약을 눈여겨 보소서 무릇 땅의 어두운 곳에 포악한 자의 처소가 가득하나이다

21 학대 받은 자가 부끄러이 돌아가게 하지 마시고 가난한 자와 궁핍한 자가 주의 이름을 찬송하게 하소서

22 하나님이여 일어나 주의 원통함을 푸시고 우매한 자가 종일 주를 비방하는 것을 기억하소서

성품묵상

나라가 무너짐을 목격하며 쓴 아삽의 시입니다.

이스라엘 민족에게 하나님의 백성이라는
정체성이 무너져 내려갈 때
바벨론이 쳐들어와 온 나라를 짓밟는 모습을 보면서
한탄하며 적은 것이죠.

우리 인생의 환란의 때에도
우리가 해야 하는 일은 회개하는 일이고
주님의 주인 되심을 인정하는 일입니다.

주께 돌아올 때 회복의 기적이 다가옵니다.
어려울 때도 주의 주권을 인정하여
나의 성품과 믿음이 회복되는 축복을 기대합니다.

기도

주님! 낮도 주의 것이며 밤도 주의 것이고 여름과 겨울의 경계를
만드신 분도 하나님 아버지이십니다. 날마다 주의 주권을 인정하고
사는 인생이 되게 하소서. 아멘!

오직 내가
판단할 것이란다

시편 75:1-7 가까이 계신 분

1 하나님이여 우리가 주께 감사하고 감사함은 주의 이름이 가까움이라 사람들이 주의 기이한 일들을 전파하나이다

2 주의 말씀이 내가 정한 기약이 이르면 내가 바르게 심판하리니

3 땅의 기둥은 내가 세웠거니와 땅과 그 모든 주민이 소멸되리라 하시도다 (셀라)

4 내가 오만한 자들에게 오만하게 행하지 말라 하며 악인들에게 뿔을 들지 말라 하였노니

5 너희 뿔을 높이 들지 말며 교만한 목으로 말하지 말지어다

6 무릇 높이는 일이 동쪽에서나 서쪽에서 말미암지 아니하며 남쪽에서도 말미암지 아니하고

7 오직 재판장이신 하나님이 이를 낮추시고 저를 높이시느니라

성품묵상

주의 이름은 '가까이 계신 분'이십니다.

우리는 이것을 감사해야 한다고

시편 기자는 노래합니다.

그분은 어떤 이에게는

위대함의 기름을 부으시고

어떤 사람은 낮추어 무릎 꿇게 하십니다.

모든 것이 여호와의 손에 들려 있고

그분이 세상의 참된 주인이시기 때문입니다.

일의 결국은 하나님께 있습니다.

우리가 찬양할 것은 악인의 힘은 꺾으시고

의인은 높이시는 그분의 '공의로움'입니다

기도

주님! 주의 이름이 "가까이 계신 분"이심을 찬양합니다. "Your name is the near one" 그 이름으로 인해 우리가 공정함과 안전함 속에 거할 수 있어서 감사합니다. 날마다 더 가까이 주와 함께 살게 하소서. 아멘!

불가능을 가능으로
바꿀 것이란다

시편 76:1-3, 6-9, 11-12 **전능하신 하나님**

1 하나님은 유다에 알려지셨으며 그의 이름이 이스라엘에
   알려지셨도다

2 그의 장막은 살렘에 있음이여 그의 처소는 시온에 있도다

3 거기에서 그가 화살과 방패와 칼과 전쟁을 없이하셨도다
   (셀라)

6 야곱의 하나님이여 주께서 꾸짖으시매 병거와 말이 다 깊
   이 잠들었나이다

7 주께서는 경외 받을 이시니 주께서 한 번 노하실 때에 누
   가 주의 목전에 서리이까

8 주께서 하늘에서 판결을 선포하시매 땅이 두려워 잠잠하였나니

9 곧 하나님이 땅의 모든 온유한 자를 구원하시려고 심판하러 일어나신 때에로다 (셀라)

11 너희는 여호와 너희 하나님께 서원하고 갚으라 사방에 있는 모든 사람도 마땅히 경외할 이에게 예물을 드릴지로다

12 그가 고관들의 기를 꺾으시리니 그는 세상의 왕들에게 두려움이시로다

앗수르 왕의 협박편지를 받고
두려워한 히스기야 왕은
하나님께 도움을 간청합니다.

하나님은 그의 기도를 들으시고 하룻밤 새
18만 5천 명의 앗수르 군사들을 전멸시킵니다.
이 놀라운 사건을 지켜본 아삽이
하나님을 찬양한 시입니다.

사람의 힘으로 불가능한 일을 주님은 이루십니다.

전쟁을 없이 하시는 하나님이십니다.
병거와 말이 다 깊이 잠들어버리는
놀라운 일을 행하시는 전능자이십니다.
우리를 위협하고 공격하는
모든 것들을 없애주시는 위대한 아버지이십니다.

우리가 기도하면
사람의 힘으로 안 되는 일도
친히 해결해 주시는 하나님을 찬양합니다.

나는 불가능할 것이라고 생각했지만, 불가능을 가능으로
바꾸신 하나님의 역사를 경험한 적이 있나요?

기도

주님! 사람의 힘으로 불가능한 일들을 권능으로 이루어주시는 하
나님 아버지를 찬양합니다. 주께 기도함으로 두려움이 사라지고,
우리 인생이 형통하게 될 것을 간구합니다. 아멘!

찬양과 감사로
바꾸리라

시편 77:1-15 하나님께 부르짖으면

1 내가 내 음성으로 하나님께 부르짖으리니 내 음성으로 하나님께 부르짖으면 내게 귀를 기울이시리로다

2 나의 환난 날에 내가 주를 찾았으며 밤에는 내 손을 들고 거두지 아니하였나니 내 영혼이 위로 받기를 거절하였도다

3 내가 하나님을 기억하고 불안하여 근심하니 내 심령이 상하도다 (셀라)

4 주께서 내가 눈을 붙이지 못하게 하시니 내가 괴로워 말할 수 없나이다

5 내가 옛날 곧 지나간 세월을 생각하였사오며

6 밤에 부른 노래를 내가 기억하여 내 심령으로, 내가 내 마음으로 간구하기를

7 주께서 영원히 버리실까, 다시는 은혜를 베풀지 아니하실까,

8 그의 인자하심은 영원히 끝났는가, 그의 약속하심도 영구
히 폐하였는가,

9 하나님이 그가 베푸실 은혜를 잊으셨는가, 노하심으로 그
가 베푸실 긍휼을 그치셨는가 하였나이다 (셀라)

10 또 내가 말하기를 이는 나의 잘못이라 지존자의 오른손
의 해

11 곧 여호와의 일들을 기억하며 주께서 옛적에 행하신 기이
한 일을 기억하리이다

12 또 주의 모든 일을 작은 소리로 읊조리며 주의 행사를 낮
은 소리로 되뇌이리이다

13 하나님이여 주의 도는 극히 거룩하시오니 하나님과 같이
위대하신 신이 누구오니이까

14 주는 기이한 일을 행하신 하나님이시라 민족들 중에 주의
능력을 알리시고

15 주의 팔로 주의 백성 곧 야곱과 요셉의 자손을 속량하셨
나이다 (셀라)

이 시는 두 가지로 나뉩니다.
밤에 부른 나의 노래(6절)와
지존자의 오른손의 해(10절)입니다.
밤에 부른 나의 노래는
지나간 세월을 생각하며 한탄하며,
주의 사랑에서 끊어질까봐
심령으로 근심하는 상한 심령의 절규입니다.

그 절망에서 벗어날 수 있는 유일한 탈출구는
내 음성으로 하나님께 부르짖는 것입니다.

내 음성으로 그분께 부르짖으면
하나님께서는 내게 귀를 기울이셔서
슬픔과 탄식의 삶에서
찬양과 감사의 삶으로 바뀌게 하십니다.

시편 기자는
지존자의 오른손의 해,
즉 여호와께서 옛적에 행하신 일들을
기억하고 찬양합니다.
나의 잘못을 기억하며 괴로워하는 것이 아니라
주께서 행하신 놀라운 일들을 기억하며
찬양하는 것입니다.

언제나 그렇듯이 하나님 안에
놀라운 구원과 사랑으로 베푸신 기적 같은 일들이
지금도 산더미 같이 쌓여 있습니다.

오늘도 우리 음성으로 주께 부르짖어
지존자의 오른손의 해가 빛나는
귀한 날 되길 소망합니다.

기도

주님! 나의 음성으로 부르짖는 모든 기도를 들어주소서. 아멘!

다음 세대에게
내 말을 전해주렴

시편 78:4-8 거룩한 자손

4 우리가 이를 그들의 자손에게 숨기지 아니하고 여호와의 영예와 그의 능력과 그가 행하신 기이한 사적을 후대에 전하리로다

5 여호와께서 증거를 야곱에게 세우시며 법도를 이스라엘에게 정하시고 우리 조상들에게 명령하사 그들의 자손에게 알리라 하셨으니

6 이는 그들로 후대 곧 태어날 자손에게 이를 알게 하고 그들은 일어나 그들의 자손에게 일러서

7 그들로 그들의 소망을 하나님께 두며 하나님께서 행하신 일을 잊지 아니하고 오직 그의 계명을 지켜서

8 그들의 조상들 곧 완고하고 패역하여 그들의 마음이 정직하지 못하며 그 심령이 하나님께 충성하지 아니하는 세대와 같이 되지 아니하게 하려 하심이로다

성품묵상

인생의 큰 의미는

거룩한 자손을 세우는 데 있습니다.

역사 속에서 일하시는 하나님은

지난 시간 속에 나타난 하나님의 권능을 가르쳐서

다음 세대 속에서도 전능자이심이

선포되기를 원하십니다.

진리가 전승되고

하나님께 소망을 두는 거룩한 자손들이

오고 가는 세대에 충만케 되길

지금 우리에게 명령하십니다.

기도

주님! 주께서 행하신 놀라운 일들을 다음 세대에 전하는 거룩한 부
모 세대들이 일어나게 하소서. 역사의 주인 되시는 하나님 아버지
께 순복하는 거룩한 다음세대가 일어나게 하소서. 아멘!

너의 정체성은
'나의 백성'이란다

시편 79:8-13 우리는 주의 백성

8 우리 조상들의 죄악을 기억하지 마시고 주의 긍휼로 우리를 속히 영접하소서 우리가 매우 가련하게 되었나이다

9 우리 구원의 하나님이여 주의 이름의 영광스러운 행사를 위하여 우리를 도우시며 주의 이름을 증거하기 위하여 우리를 건지시며 우리 죄를 사하소서

10 이방 나라들이 어찌하여 그들의 하나님이 어디 있느냐 말하나이까 주의 종들이 피 흘림에 대한 복수를 우리의 목전에서 이방 나라에게 보여 주소서

11 갇힌 자의 탄식을 주의 앞에 이르게 하시며 죽이기로 정해진 자도 주의 크신 능력을 따라 보존하소서

12 주여 우리 이웃이 주를 비방한 그 비방을 그들의 품에 칠 배나 갚으소서

13 우리는 주의 백성이요 주의 목장의 양이니 우리는 영원히 주께 감사하며 주의 영예를 대대에 전하리이다

성품묵상

바벨론의 침공으로 예루살렘 성이 파괴되고
백성들이 무참하게 죽임 당한 것을 보면서
하나님께 간구하는 아삽의 시입니다.

조상들의 죗값으로
이런 패망이 온 것을 한탄하면서
주의 긍휼로 덮어주실 것을 간구합니다.
또한 주의 이름을 증거하기 위하여
백성들을 건져주시길 의뢰하며
주의 영예를 대대에 전하겠다고 결단합니다.

그 어떤 상황에서도
주의 백성이라는 정체성이
주의 보호를 간구하게 합니다.

기도

주님! 주께 범죄함으로 이 나라가 멸망하지 않도록 지켜주옵소서.
주의 이름을 대대에 전할 수 있도록 주의 백성들을 보존해 주옵소
서. 주의 영예를 대대에 전할 수 있도록 안전한 시대를 살게 하소
서. 아멘!

공동체의 회복이
필요할 때

시편 80:7, 17-19 공동체를 위한 간구

7 만군의 하나님이여 우리를 회복하여 주시고 주의 얼굴의
   광채를 비추사 우리가 구원을 얻게 하소서

17 주의 오른쪽에 있는 자 곧 주를 위하여 힘있게 하신 인자
   에게 주의 손을 얹으소서

18 그리하시면 우리가 주에게서 물러가지 아니하오리니 우리
   를 소생하게 하소서 우리가 주의 이름을 부르리이다

19 만군의 하나님 여호와여 우리를 돌이켜 주시고 주의 얼굴
   의 광채를 우리에게 비추소서 우리가 구원을 얻으리이다

이 시는 '공동체를 위한 애통의 시'입니다.

한 국가와 사회, 가정과 학교의 회복은

만군의 주이신 여호와의 손에 있습니다.

우리가 속한 공동체를 회복시켜 주시고

주의 얼굴의 광채를 비추셔서 구원하여 달라는

기도가 절실한 때입니다.

우리를 소생시키시는 주님의 역사가

우리 공동체 안에 충만케 되길 간구합니다.

기도

주님! 이 나라와 민족을 주의 이름으로 회복시켜 주옵소서. 주의 백성들이 안전하게 거하는 복된 나라가 되게 하옵소서. 학교마다 주의 복음을 가르치게 하시고 가정과 직장이 주의 기쁨으로 회복되고 소생케 하소서. 아멘!

내가 채워줄
것이란다

시편 81:7, 9-13, 15-16 **만족하게 하시는 하나님**

7   네가 고난 중에 부르짖으매 내가 너를 건졌고 우렛소리의
    은밀한 곳에서 네게 응답하며 므리바 물 가에서 너를 시
    험하였도다 (셀라)

9   너희 중에 다른 신을 두지 말며 이방 신에게 절하지 말지
    어다

10 나는 너를 애굽 땅에서 인도하여 낸 여호와 네 하나님이
    니 네 입을 크게 열라 내가 채우리라 하였으나

11 내 백성이 내 소리를 듣지 아니하며 이스라엘이 나를 원
    하지 아니하였도다

12 그러므로 내가 그의 마음을 완악한 대로 버려 두어 그의
    임의대로 행하게 하였도다

13 내 백성아 내 말을 들으라 이스라엘아 내 도를 따르라

15 여호와를 미워하는 자는 그에게 복종하는 체할지라도 그
    들의 시대는 영원히 계속되리라

16 또 내가 기름진 밀을 그들에게 먹이며 반석에서 나오는 꿀
    로 너를 만족하게 하리라 하셨도다

성품묵상

"네 입을 크게 열라 내가 채우리라"
하나님을 향해 기뻐하고 즐거워하는
사람에게 주신 약속의 말씀입니다.

고난 중에 부르짖으면 은밀한 곳에서 건지십니다.
그러나 하나님께서 완악한 마음대로 내버려 두시고
임의대로 행하게 두시는 사람은
여호와를 대적하고
미워하는 사람을 향한 그분의 보응입니다.

하나님의 도를 지키며 사는 사람에게
하나님은 '만족함'을 주십니다.
그 '만족함'을 누리는 삶이 되길 소망합니다.

기도

주님! 입을 크게 벌려 주께서 채우시는 기적을 날마다 체험하며 살
게 하소서. 아멘!

내가 일어나서
다스리리라

시편 82:1-8 공의로운 심판자

1 하나님은 신들의 모임 가운데에 서시며 하나님은 그들 가
운데에서 재판하시느니라

2 너희가 불공평한 판단을 하며 악인의 낯 보기를 언제까지
하려느냐 (셀라)

3 가난한 자와 고아를 위하여 판단하며 곤란한 자와 빈궁한
자에게 공의를 베풀지며

4 가난한 자와 궁핍한 자를 구원하여 악인들의 손에서 건질
지니라 하시는도다

5 그들은 알지도 못하고 깨닫지도 못하여 흑암 중에 왕래하
니 땅의 모든 터가 흔들리도다

6 내가 말하기를 너희는 신들이며 다 지존자의 아들들이라
하였으나

7 그러나 너희는 사람처럼 죽으며 고관의 하나 같이 넘어지
리로다

8 하나님이여 일어나사 세상을 심판하소서 모든 나라가 주
의 소유이기 때문이니이다

성품묵상

이 시는 하나님의 법정에서 재판하시는
하나님의 공의로우신 성품을 보게 되는 글입니다.

불공평한 판단을 하고
가난한 자, 고아, 궁핍한 자들을 공평하게 대하지 않고,
높은 고관 벼슬자리를 누비고 신처럼 살아도
결국 땅의 모든 터가 흔들리며
죽고 넘어질 것이라고 말씀하십니다.

모든 나라가 주의 소유이기에 일어나셔서
다스리시길 간구하는 시편 기자의 기도가
오늘, 우리의 기도가 됩니다.

기도

주님! 주의 공의가 사라진 암흑 속에 빠진 곳들을 주시하여 주옵소서. 그곳을 흔드셔서 새로운 소유로 삼으소서! 일어나셔서 속히 주의 구원을 이루소서. 모든 나라가 주의 소유이기 때문입니다. 아멘!

수치를 당하지
않을 것이란다

시편 83:1-4, 16-18 주의 이름을 찾게 하소서

1 하나님이여 침묵하지 마소서 하나님이여 잠잠하지 마시고 조용하지 마소서

2 무릇 주의 원수들이 떠들며 주를 미워하는 자들이 머리를 들었나이다

3 그들이 주의 백성을 치려 하여 간계를 꾀하며 주께서 숨기신 자를 치려고 서로 의논하여

4 말하기를 가서 그들을 멸하여 다시 나라가 되지 못하게 하여 이스라엘의 이름으로 다시는 기억되지 못하게 하자 하나이다

16 여호와여 그들의 얼굴에 수치가 가득하게 하사 그들이 주의 이름을 찾게 하소서

17 그들로 수치를 당하여 영원히 놀라게 하시며 낭패와 멸망을 당하게 하사

18 여호와라 이름하신 주만 온 세계의 지존자로 알게 하소서

성품묵상

세상의 흐름이 기독교인들을 핍박하는 흐름으로
나아가는 것은 결국 하나님을 대적하는
배후의 역사들이 전략적으로 일하기 때문입니다.

이 시를 쓴 아삽은 공격당하는
이스라엘의 무너짐을 바라보면서
하나님이 침묵하지 않고 일어나시기를 간구합니다.

하나님이 다스리시는 영역을 없애버리려는
어둠의 시도는 지금도 곳곳에서 일어납니다.
주를 의지하는 백성들이 수치를 당하지 않도록 지키시며
여호와의 이름만 세계의 지존자로
영광 받으시길 기도합니다!

기도

주님! 주의 나라, 주의 이름이 온 세상의 주인이심을 펼치소서. 온
세계의 지존자이심을 온 땅에 알게 하소서. 아멘!

눈물 골짜기 같은
인생길에서

시편 84:5-11 주를 의지하는 자의 복

5　주께 힘을 얻고 그 마음에 시온의 대로가 있는 자는 복이
　　있나이다

6　그들이 눈물 골짜기로 지나갈 때에 그 곳에 많은 샘이 있
　　을 것이며 이른 비가 복을 채워 주나이다

7　그들은 힘을 얻고 더 얻어 나아가 시온에서 하나님 앞에
　　각기 나타나리이다

8　만군의 하나님 여호와여 내 기도를 들으소서 야곱의 하나
　　님이여 귀를 기울이소서 (셀라)

9　우리 방패이신 하나님이여 주께서 기름 부으신 자의 얼굴
　　을 살펴 보옵소서

10 주의 궁정에서의 한 날이 다른 곳에서의 천 날보다 나은
　　즉 악인의 장막에 사는 것보다 내 하나님의 성전 문지기
　　로 있는 것이 좋사오니

11 여호와 하나님은 해요 방패이시라 여호와께서 은혜와 영
　　화를 주시며 정직하게 행하는 자에게 좋은 것을 아끼지
　　아니하실 것임이니이다

성품묵상

인생은 아무리 좋아도 눈물 골짜기입니다.

주께 힘을 얻는 자는

그곳을 지나갈 때 많은 샘이 있고

때에 맞추어 내려주시는 이른 비 같은

주의 도움이 있어서 마음의 기쁨을 누리고 삽니다.

그래서 시편 기자는

마음에 시온의 대로가 있는 자가

복이 있다고 고백합니다.

주의 복과 마음의 기쁨을 누리면서 사는 것이

다른 곳에서 천 날을 사는 것보다

행복하다고 말합니다.

우리의 해와 방패가 되어 주시는

주님을 찬양합니다.

기도

주님! 눈물 골짜기인 인생을 살 때, 여호와를 의지함으로 주께 힘을
얻고 마음에 시온의 대로가 열려 평강을 누리고 살게 하소서. 아멘!

살아갈 힘이
필요할 때

시편 85:1-7 기쁨의 회복

1 여호와여 주께서 주의 땅에 은혜를 베푸사 야곱의 포로
된 자들이 돌아오게 하셨으며

2 주의 백성의 죄악을 사하시고 그들의 모든 죄를 덮으셨나
이다 (셀라)

3 주의 모든 분노를 거두시며 주의 진노를 돌이키셨나이다

4 우리 구원의 하나님이여 우리를 돌이키시고 우리에게 향
하신 주의 분노를 거두소서

5 주께서 우리에게 영원히 노하시며 대대에 진노하시겠나
이까

6 주께서 우리를 다시 살리사 주의 백성이 주를 기뻐하도록
하지 아니하시겠나이까

7 여호와여 주의 인자하심을 우리에게 보이시며 주의 구원
을 우리에게 주소서

성품묵상

이스라엘의 포로 귀환은

하나님의 은총이라고 고라 자손은 노래합니다.

다시 회복하게 하신 것은

그들의 모든 죄를 덮으신 하나님의 인자하심과

사랑이심을 고백하면서 주의 구원을 간구합니다.

지금도 우리 죄를 덮으시고

은혜를 베푸시는 하나님의 사랑이

우리 영혼을 살리시고 회복시키십니다.

다시 살게 된 하나님의 백성은

날마다 하나님을 기뻐하는 힘으로 살아야 합니다.

기도

주님! 날마다 주님의 사랑 때문에 우리가 다시 살고 회복됩니다. 매일의 삶 속에 주의 구원을 주시고 은혜 속에 살게 하셔서 주님을 기뻐하는 주의 자녀 되게 하소서. 아멘!

나는 인자가
풍성하단다

5 주는 선하사 사죄하기를 즐거워하시며 주께 부르짖는 자에게 인자함이 후하심이니이다

6 여호와여 나의 기도에 귀를 기울이시고 내가 간구하는 소리를 들으소서

7 나의 환난 날에 내가 주께 부르짖으리니 주께서 내게 응답하시리이다

8 주여 신들 중에 주와 같은 자 없사오며 주의 행하심과 같은 일도 없나이다

9 주여 주께서 지으신 모든 민족이 와서 주의 앞에 경배하며 주의 이름에 영광을 돌리리이다

11 여호와여 주의 도를 내게 가르치소서 내가 주의 진리에 행하오리니 일심으로 주의 이름을 경외하게 하소서

15 그러나 주여 주는 긍휼히 여기시며 은혜를 베푸시며 노하기를 더디하시며 인자와 진실이 풍성하신 하나님이시오니

17 은총의 표적을 내게 보이소서 그러면 나를 미워하는 그들이 보고 부끄러워하오리니 여호와여 주는 나를 돕고 위로하시는 이시니이다

성품묵상

위의 시편에서 찾을 수 있는
하나님의 성품은 선하시고 인자하시고
기도에 귀 기울여주시는 고귀한 성품입니다.

또한, 주를 경외하는 자를 긍휼히 여기시며
은혜를 베푸시며 노하기를 더디 하시며
인자와 진실이 풍성하신 하나님이십니다.

그분은 나를 돕고 위로하시는 분이십니다.
신 중에 주와 같은 이가 없고
주의 행하심과 같은 자도 없습니다.
유일하신 하나님을 찬양합니다.

주는 선하시고, 사죄하기를 즐거워하시며, 주께 부르짖는 자에게 인자함이 후하신 분입니다. 하나님의 선하신 성품을 믿고, 다섯 가지의 기도를 적어보세요. 균형 있는 영적 성장을 위해서는 다양한 기도를 드리는 것이 필요합니다.

찬양:

감사:

자백:

중보:

간구:

기도

주님! 주님의 성품을 닮은 사람이 되게 하소서. 긍휼과 은혜가 풍성하신 하나님이 나를 돕고 위로하시는 분이심을 묵상하며 힘 있게 살게 하소서. 아멘!

*감동적인 성경 말씀을 써보세요.

시온의 문들을
사랑한단다

시편 87:1-7 모든 열방의 주인

1 그의 터전이 성산에 있음이여

2 여호와께서 야곱의 모든 거처보다 시온의 문들을 사랑하
   시는도다

3 하나님의 성이여 너를 가리켜 영광스럽다 말하는도다
   (셀라)

4 나는 라합과 바벨론이 나를 아는 자 중에 있다 말하리라
   보라 블레셋과 두로와 구스여 이것들도 거기서 났다 하리
   로다

5 시온에 대하여 말하기를 이 사람, 저 사람이 거기서 났다
   고 말하리니 지존자가 친히 시온을 세우리라 하는도다

6 여호와께서 민족들을 등록하실 때에는 그 수를 세시며
   이 사람이 거기서 났다 하시리로다 (셀라)

7 노래하는 자와 뛰어 노는 자들이 말하기를 나의 모든 근
   원이 네게 있다 하리로다

성품묵상

시온 성! 하나님이 다스리시는 터전을
상징적으로 표현하는 영역입니다.

지역적으로 이스라엘의 시온성만
사랑하시는 것이 아니라
애굽, 바벨론, 블레셋, 두로와 구스까지
모든 열방을 사랑하시는 하나님은

그 속에서도 하나님을 경외하고
의지하는 자들을 찾아
하나님의 민족으로 등록하시며
시온에 거하는 자로 인정해 주십니다.

기도

주님! 모든 열방이 주께 돌아와 경배하게 하소서. 오늘 우리가 사는
모든 삶의 터전이 주께서 다스리시는 시온 성이 되게 하소서. 아멘!

어둡고 음침한 곳에
있을 때

시편 88:1-2, 6-9, 13 **기도를 들으시는 하나님**

1 여호와 내 구원의 하나님이여 내가 주야로 주 앞에서 부르짖었사오니

2 나의 기도가 주 앞에 이르게 하시며 나의 부르짖음에 주의 귀를 기울여 주소서

6 주께서 나를 깊은 웅덩이와 어둡고 음침한 곳에 두셨사오며

7 주의 노가 나를 심히 누르시고 주의 모든 파도가 나를 괴롭게 하셨나이다 (셀라)

8 주께서 내가 아는 자를 내게서 멀리 떠나게 하시고 나를 그들에게 가증한 것이 되게 하셨사오니 나는 갇혀서 나갈 수 없게 되었나이다

9 곤란으로 말미암아 내 눈이 쇠하였나이다 여호와여 내가 매일 주를 부르며 주를 향하여 나의 두 손을 들었나이다

13 여호와여 오직 내가 주께 부르짖었사오니 아침에 나의 기도가 주의 앞에 이르리이다

성품묵상

인생의 파도가 나를 괴롭게 하고

곤란함과 고독함이 심히 누를 때에

인생이 할 수 있는 일은 기도밖에 없습니다.

시편 기자는 주야로

주 앞에 부르짖는다고 고백합니다.

깊고 어두운 곳에서 할 수 있는 일은

시편 기자처럼 매일 주를 부르며

주를 향하여 두 손을 들고 기도하는 것입니다.

우리 인생의 문제들에 귀를 기울여 주시는

하나님께 기도할 수 있음이 우리의 소망이 됩니다.

기도

주님! 우리 인생의 여러 가지 문제에 해답이 되어주시는 주님을 찬양합니다. 주께 두 손을 들고 부르짖는 우리의 기도를 귀 기울여 주옵소서. 아멘!

내가 파도를
잔잔하게 하리라

시편 89:1-2, 8-9, 11, 13, 47, 52 최고의 복

1　내가 여호와의 인자하심을 영원히 노래하며 주의 성실하심을 내 입으로 대대에 알게 하리이다

2　내가 말하기를 인자하심을 영원히 세우시며 주의 성실하심을 하늘에서 견고히 하시리라 하였나이다

8　여호와 만군의 하나님이여 주와 같이 능력 있는 이가 누구리이까 여호와여 주의 성실하심이 주를 둘렀나이다

9　주께서 바다의 파도를 다스리시며 그 파도가 일어날 때에 잔잔하게 하시나이다

11　하늘이 주의 것이요 땅도 주의 것이라 세계와 그 중에 충만한 것을 주께서 건설하셨나이다

13　주의 팔에 능력이 있사오며 주의 손은 강하고 주의 오른손은 높이 들리우셨나이다

47　나의 때가 얼마나 짧은지 기억하소서 주께서 모든 사람을 어찌 그리 허무하게 창조하셨는지요

52　여호와를 영원히 찬송할지어다 아멘 아멘

성품묵상

주님의 성품은 인자하시고 성실하십니다.

창조주께서 변덕 많고 난폭한 성품이 아니라

신실하신 사랑과 견고한 평안으로 다스리시는

선한 성품이셔서 우리에게 축복입니다.

하늘과 땅의 주인이신

여호와 하나님이 다스리시는

인생을 사는 주의 자녀들은

기뻐하며 즐겁게 소리칠 수밖에 없습니다.

우리 인생의 때가 짧기에

이 놀라운 진리를 대대에 전파하고

여호와를 찬양하며 사는 것이

우리가 누릴 수 있는 최고의 복입니다.

기도

주님의 사랑으로 신실하고 견고하게 우리 인생의 터전을 잡아주
셔서 감사합니다. 영원히 주님만 찬양하고 기뻐하며 살겠습니다.
아멘!

밤의 한 순간 같은
인생이란다

시편 90:3-6, 10-12 가치 있는 삶을 사는 지혜

3 주께서 사람을 티끌로 돌아가게 하시고 말씀하시기를 너
   희 인생들은 돌아가라 하셨사오니

4 주의 목전에는 천 년이 지나간 어제 같으며 밤의 한 순간
   같을 뿐임이니이다

5 주께서 그들을 홍수처럼 쓸어가시나이다 그들은 잠깐 자
   는 것 같으며 아침에 돋는 풀 같으니이다

6 풀은 아침에 꽃이 피어 자라다가 저녁에는 시들어 마르나
   이다

10 우리의 연수가 칠십이요 강건하면 팔십이라도 그 연수의
   자랑은 수고와 슬픔뿐이요 신속히 가니 우리가 날아가나
   이다

11 누가 주의 노여움의 능력을 알며 누가 주의 진노의 두려
   움을 알리이까

12 우리에게 우리 날 계수함을 가르치사 지혜로운 마음을 얻
   게 하소서

성품묵상

인생은 순식간에 지나갑니다.
밤의 한순간 같고, 아침에 돋는 풀같이
저녁이 되면 시들어 마르는 것이 인생 같다고
시편 기자는 노래합니다.

그래서 지혜로운 마음을 얻어
허망하게 살지 않도록
분별하는 삶을 살아야 한다고 강조합니다.
인생이 70이고 강건해야 80인데
그마저도 신속히 날아가니
아까운 시간을 허비하지 말아야 한다는 것이죠.

우리 인생에서 가치 있게 산 날이
몇 날이나 되는지 세어보고,
시간을 허비하지 않는 지혜자가 되길 소망합니다.

기도 

짧은 인생 허비하지 않도록 보람 있게 산 날을 세어보는 지혜로운
사람 되게 하소서. 아멘!

나와의 친밀함이
너의 방패란다

시편 91:1-11 보호하시는 하나님

1 지존자의 은밀한 곳에 거주하며 전능자의 그늘 아래에 사는 자여,

2 나는 여호와를 향하여 말하기를 그는 나의 피난처요 나의 요새요 내가 의뢰하는 하나님이라 하리니

3 이는 그가 너를 새 사냥꾼의 올무에서와 심한 전염병에서 건지실 것임이로다

4 그가 너를 그의 깃으로 덮으시리니 네가 그의 날개 아래에 피하리로다 그의 진실함은 방패와 손 방패가 되시나니

5 너는 밤에 찾아오는 공포와 낮에 날아드는 화살과

6 어두울 때 퍼지는 전염병과 밝을 때 닥쳐오는 재앙을 두
려워하지 아니하리로다

7 천 명이 네 왼쪽에서, 만 명이 네 오른쪽에서 엎드러지나
이 재앙이 네게 가까이 하지 못하리로다

8 오직 너는 똑똑히 보리니 악인들의 보응을 네가 보리로다

9 네가 말하기를 여호와는 나의 피난처시라 하고 지존자를
너의 거처로 삼았으므로

10 화가 네게 미치지 못하며 재앙이 네 장막에 가까이 오지
못하리니

11 그가 너를 위하여 그의 천사들을 명령하사 네 모든 길에
서 너를 지키게 하심이라

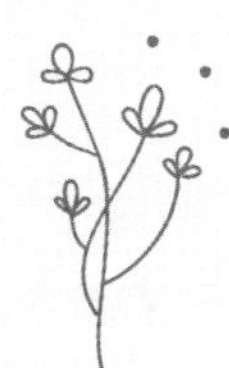

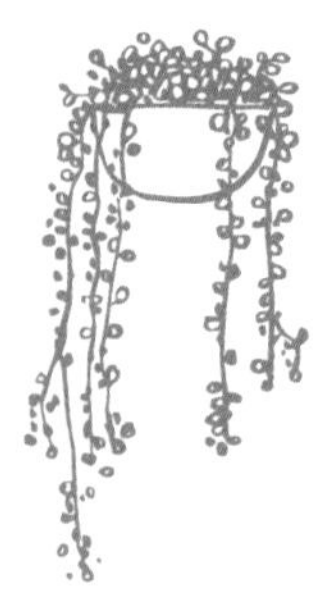

성품묵상

지존자의 은밀한 곳에 거주하며
여호와 하나님과 친밀한 교제를 나누는 사람은
전능자의 그늘 아래 거함으로 모든 환란에서
안전하게 보호받는다는 평안을 느낍니다.

마지막 때, 여호와의 날이 이르기 전에
닥칠 환란을 무사히 통과하도록
전능자의 권능으로 보호하신다는 약속의 말씀은
주를 의지하는 자에게 희망과 용기가 됩니다.

날마다 주와 함께 하는 친밀함으로
위기의 때에 보호를 받는
평강을 누리게 되길 소망합니다.

시편 기자는 피난처 되신 하나님을 통해 두려움을 극복했습니다. 요즘 나는 어떤 두려움을 느끼고 있나요?

시편 91편 14절을 암송하여, 일상에서 느끼는 두려움을 극복해 보세요.

하나님이 이르시되 그가 나를
사랑한즉 내가 그를 건지리라
그가 내 이름을 안즉 내가 그를 높이리라

(시 91:14)

기도

주님! 지존자의 은밀한 곳에 거하는 자의 축복을 받게 하소서. 모든 공포와 위험에서 지켜주옵소서. 아멘!

나의 뜰 안에서
번성하는 나무가 되렴

시편 92:1, 4-8, 12-15 늙어도 여전히 결실하며

1 지존자여 십현금과 비파와 수금으로 여호와께 감사하며
주의 이름을 찬양하고 아침마다 주의 인자하심을 알리며
밤마다 주의 성실하심을 베풂이 좋으니이다

4 여호와여 주께서 행하신 일로 나를 기쁘게 하셨으니 주
의 손이 행하신 일로 말미암아 내가 높이 외치리이다

5 여호와여 주께서 행하신 일이 어찌 그리 크신지요 주의
생각이 매우 깊으시니이다

6 어리석은 자도 알지 못하며 무지한 자도 이를 깨닫지 못
하나이다

7 악인들은 풀 같이 자라고 악을 행하는 자들은 다 흥왕할
지라도 영원히 멸망하리이다

8 여호와여 주는 영원토록 지존하시니이다

12 의인은 종려나무 같이 번성하며 레바논의 백향목 같이 성
   장하리로다

13 이는 여호와의 집에 심겼음이여 우리 하나님의 뜰 안에서
   번성하리로다

14 그는 늙어도 여전히 결실하며 진액이 풍족하고 빛이 청청
   하니

15 여호와의 정직하심과 나의 바위 되심과 그에게는 불의가
   없음이 선포되리로다

성품묵상

정원에 나무를 심으면 심기지 않은 풀들이
먼저 자라고 더 빨리 성장하는 것 같습니다.
정작 자라야 하는 나무는
너무 느리고 답답하게
성장하는 것 같아 조급해집니다.

그러나 자세히 보면 풀들은 곧 말라
더 자라지 않고 결국 시들어 죽어버리죠.
시편 기자는 악인은 풀과 같고
의인은 종려나무 같고 백향목처럼
곧게 뻗고 번성한다고 노래합니다.

여호와의 집에 심긴 나무들처럼
늙어도 여전히 열매 맺는 삶이 되고
진액이 풍족하고
빛이 청정한 좋은 나무들이 되어
우리 하나님 뜰 안에서 번성하는
인생이 되길 소원합니다.

나는 지금 하나님의 뜰 안에서 어떤 나무로 살고 있나요? 하나님의 정원에서 열매 맺는 좋은나무가 되기를 소원하는 기도문을 적어보세요.

기도

주님의 뜰 안에 심긴 나무들이 되어 주의 나라 갈 때까지 좋은 성품으로 열매 맺는 좋은 나무로 성장하게 하소서. 아멘!

난 흔들리지
않는단다

시편 93:1-5 견고한 하나님의 성품

1 여호와께서 다스리시니 스스로 권위를 입으셨도다 여호와께서 능력의 옷을 입으시며 띠를 띠셨으므로 세계도 견고히 서서 흔들리지 아니하는도다

2 주의 보좌는 예로부터 견고히 섰으며 주는 영원부터 계셨나이다

3 여호와여 큰 물이 소리를 높였고 큰 물이 그 소리를 높였으니 큰 물이 그 물결을 높이나이다

4 높이 계신 여호와의 능력은 많은 물 소리와 바다의 큰 파도보다 크니이다

5 여호와여 주의 증거들이 매우 확실하고 거룩함이 주의 집에 합당하니 여호와는 영원무궁하시리이다

성품묵상

여호와 하나님의 성품은 견고하십니다.

흔들리지 않는 것이 그분의 특징입니다.

사랑과 인자하심이 변함이 없습니다.

악을 미워하심도 변하지 않고

능력이 많으심도 변하지 않습니다.

이 사실은 그분을 사랑하는 자녀들에게

안심과 평안이며, 악인들에게는 두려움이 됩니다.

변함 없으신 여호와 하나님 덕분에

우리는 흔들리지 않는 인생을 살아갈 수 있습니다.

언제나 견고한 하나님께 감사드립니다.

기도

주님! 변함없으시고 흔들리지 않는 주님의 성품이 우리에게 감사입니다. 영원무궁토록 영광과 찬양을 받으소서. 아멘!

난 실수하지
않는단다

11 여호와께서는 사람의 생각이 허무함을 아시느니라

12 여호와여 주로부터 징벌을 받으며 주의 법으로 교훈하심
을 받는 자가 복이 있나니

13 이런 사람에게는 환난의 날을 피하게 하사 악인을 위하여
구덩이를 팔 때까지 평안을 주시리이다

14 여호와께서는 자기 백성을 버리지 아니하시며 자기의 소
유를 외면하지 아니하시리로다

17 여호와께서 내게 도움이 되지 아니하셨더면 내 영혼이 벌
써 침묵 속에 잠겼으리로다

18 여호와여 나의 발이 미끄러진다고 말할 때에 주의 인자하
심이 나를 붙드셨사오며

19 내 속에 근심이 많을 때에 주의 위안이 내 영혼을 즐겁게
하시나이다

22 여호와는 나의 요새이시요 나의 하나님은 내가 피할 반석
이시라

성품묵상

여호와 하나님의 도움이 아니었으면
이미 어둠 속에 잠길 인생이 얼마나 많았을까요?

시편 기자는 미끄러질 뻔한 인생에서 건져주시고
근심이 많을 때 위로해 주시고
매 순간 우리 인생의 피할 반석과 요새가
되어주시는 주님을 찬양합니다.

오늘 우리 인생에도
똑같은 은혜를 주시는 주님을 찬양합니다.

기도

주님! 우리 인생에서 피할 반석이 되어주셔서 감사합니다. 그런 주
님이 우리 하나님이셔서 참 좋습니다. 오늘도 하나님이 우리 인생
의 주인이심을 찬양합니다.

감사함으로
나아갈 때

시편 95:2-8 우리의 하나님

2 우리가 감사함으로 그 앞에 나아가며 시를 지어 즐거이 그를 노래하자

3 여호와는 크신 하나님이시요 모든 신들보다 크신 왕이시기 때문이로다

4 땅의 깊은 곳이 그의 손 안에 있으며 산들의 높은 곳도 그의 것이로다

5 바다도 그의 것이라 그가 만드셨고 육지도 그의 손이 지으셨도다

6 오라 우리가 굽혀 경배하며 우리를 지으신 여호와 앞에 무릎을 꿇자

7 그는 우리의 하나님이시요 우리는 그가 기르시는 백성이며 그의 손이 돌보시는 양이기 때문이라 너희가 오늘 그의 음성을 듣거든

8 너희는 므리바에서와 같이 또 광야의 맛사에서 지냈던 날과 같이 너희 마음을 완악하게 하지 말지어다

성품묵상

감사함으로 여호와께 나아가야 하는 이유는
그분이 우리를 지으신 창조주이시기 때문입니다.
우리의 상황이나 환경에 좌우됨 없이
감사는 우리가 할 수 있는 의무이고 특권입니다.

그가 우리의 하나님이시고
우리는 그가 기르시는 백성이고
돌보시는 양이라는 정체성은

날마다 여호와의 구원을 노래하고
찬양하는 삶을 살게 합니다.

기도

주님! 주의 음성에 귀를 기울이는 섬세한 마음을 주옵소서. 날마다
감사함으로 주께 노래하고 찬양하는 주의 백성으로 살게 하옵소서.
아멘!

새 날을 주리라

시편 96:1-10 하나님을 경외하는 삶

1 새 노래로 여호와께 노래하라 온 땅이여 여호와께 노래할
지어다

2 여호와께 노래하여 그의 이름을 송축하며 그의 구원을
날마다 전파할지어다

3 그의 영광을 백성들 가운데에, 그의 기이한 행적을 만민
가운데에 선포할지어다

4 여호와는 위대하시니 지극히 찬양할 것이요 모든 신들보
다 경외할 것임이여

5 만국의 모든 신들은 우상들이지만 여호와께서는 하늘을
지으셨음이로다

6 존귀와 위엄이 그의 앞에 있으며 능력과 아름다움이 그의
  성소에 있도다

7 만국의 족속들아 영광과 권능을 여호와께 돌릴지어다 여
  호와께 돌릴지어다

8 여호와의 이름에 합당한 영광을 그에게 돌릴지어다 예물
  을 들고 그의 궁정에 들어갈지어다

9 아름답고 거룩한 것으로 여호와께 예배할지어다 온 땅이
  여 그 앞에서 떨지어다

10 모든 나라 가운데서 이르기를 여호와께서 다스리시니 세
  계가 굳게 서고 흔들리지 않으리라 그가 만민을 공평하게
  심판하시리라 할지로다

성품묵상

새날을 허락하신 창조주께

감사함으로 나아갈 때

새로운 마음, 새로운 생각,

새로운 행동으로 나아갑시다.

시편 기자는 새 노래로

여호와께 노래하라고 선포합니다.

그분은 위대하신 하나님이시며

만물을 지으신 창조주이시며

권능으로 다스리시는 구원자이십니다.

하나님은 공의의 성품으로 만물을 다스리시고

심판하시는 전능자이시기에

찬양받기에 마땅하신 하나님이십니다.

우리 모두 그분을 더욱 닮아가길 소원하는

새 노래로

그분 앞에 나아가기를 기도합니다.

시편 기자가 소개하는 하나님은 어떤 분이십니까? 성경 말씀을 다시 읽고, 하나님이 어떤 분이신지 나타내는 단어나 구절을 정리해 보세요.

기도

주님! 우리 인생을 통하여 찬양과 영광을 받으옵소서! 날마다 새 노래로 주를 경외하는 삶이 되게 하소서. 아멘!

내가 너의
기쁨이란다

9 여호와여 주는 온 땅 위에 지존하시고 모든 신들보다 위
   에 계시니이다

10 여호와를 사랑하는 너희여 악을 미워하라 그가 그의 성
   도의 영혼을 보전하사 악인의 손에서 건지시느니라

11 의인을 위하여 빛을 뿌리고 마음이 정직한 자를 위하여
   기쁨을 뿌리시는도다

12 의인이여 너희는 여호와로 말미암아 기뻐하며 그의 거룩
   한 이름에 감사할지어다

성품묵상

우리가 감사해야 할 이유는

거룩한 하나님이 존재하시기 때문입니다.

존재 자체만으로도

감사하기에 충분한 여호와 하나님이십니다.

온 땅 위에 계셔서 성도를 악에서 보호하시고

기쁨을 뿌려주시는 그분의 성품과 존재만으로도

우리는 감사할 수밖에 없습니다.

오늘도 그분의 존재 앞에서 기뻐하고 감사하는

자녀로 살기를 간절히 소망합니다.

기도

온 땅에 지존하시고 모든 신 위에 계신 여호와 하나님의 그 이름으로 인해 감사합니다. 오늘도 모든 악에서 우리를 보호하시고 빛을 뿌려주시며 기쁨을 뿌려주옵소서.

나는 너의 찬양을
기뻐한단다

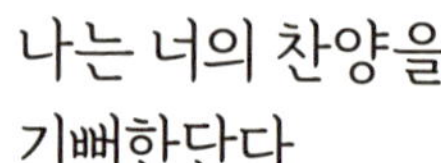

시편 98:1-5 찬양받기 합당하신 하나님

1 새 노래로 여호와께 찬송하라 그는 기이한 일을 행하사 그의 오른손과 거룩한 팔로 자기를 위하여 구원을 베푸셨음이로다

2 여호와께서 그의 구원을 알게 하시며 그의 공의를 뭇 나라의 목전에서 명백히 나타내셨도다

3 그가 이스라엘의 집에 베푸신 인자와 성실을 기억하셨으므로 땅 끝까지 이르는 모든 것이 우리 하나님의 구원을 보았도다

4 온 땅이여 여호와께 즐거이 소리칠지어다 소리 내어 즐겁게 노래하며 찬송할지어다

5 수금으로 여호와를 노래하라 수금과 음성으로 노래할지어다

성품묵상

여호와 하나님의 성품을 알 때,

우리는 안심하며 전심으로 찬양할 수 있습니다.

그는 선하시고 구원을 베푸시는

사랑의 하나님이시며

공의롭게 심판하시는 신실하신 하나님이십니다.

온 땅이 즐겁게 노래하며 찬송해야 할

유일하신 하나님이십니다.

날마다 새 노래로 찬송하는

귀한 하나님의 백성이 되기를 기도합니다.

기도

주님! 날마다 새 노래로 주님을 찬양하는 사람이 되게 하소서.

아멘!

정의와 공의로
다스린단다

시편 99:1-5, 8-9 거룩하신 하나님

1 여호와께서 다스리시니 만민이 떨 것이요 여호와께서 그룹 사이에 좌정하시니 땅이 흔들릴 것이로다

2 시온에 계시는 여호와는 위대하시고 모든 민족보다 높으시도다

3 주의 크고 두려운 이름을 찬송할지니 그는 거룩하심이로다

4 능력 있는 왕은 정의를 사랑하느니라 주께서 공의를 견고하게 세우시고 주께서 야곱에게 정의와 공의를 행하시나이다

5 너희는 여호와 우리 하나님을 높여 그의 발등상 앞에서 경배할지어다 그는 거룩하시도다

8 여호와 우리 하나님이여 주께서는 그들에게 응답하셨고 그들의 행한 대로 갚기는 하셨으나 그들을 용서하신 하나님이시니이다

9 너희는 여호와 우리 하나님을 높이고 그 성산에서 예배할지어다 여호와 우리 하나님은 거룩하심이로다

성품묵상

여호와는 위대한 통치자이시기에
우리 삶의 왜곡된 부분을
공의롭고 정의롭게 다스리십니다.

우리 인생의 잘못된 부분을 거룩하신 그분께서
통치해 주시길 엎드려 경배하며 올려드릴 때
그분은 응답하시고 행한 대로 갚아주십니다.

오늘도 거룩하신 하나님께
우리 자신을 낮추고 모든 문제를 올려드림으로
승리하는 귀한 날 되길 소원합니다.

기도

주님! 거룩하신 하나님이셔서 감사합니다. 우리 삶을 통치해 주시
고 다스려 주옵소서. 모든 문제를 주 앞에 엎드려 올려드립니다. 정
의롭게 심판하여 주옵소서. 아멘!

나는 너의
하나님이란다

시편 100:1-5 날마다 감사하는 삶

1 온 땅이여 여호와께 즐거운 찬송을 부를지어다

2 기쁨으로 여호와를 섬기며 노래하면서 그의 앞에 나아갈
   지어다

3 여호와가 우리 하나님이신 줄 너희는 알지어다 그는 우리
   를 지으신 이요 우리는 그의 것이니 그의 백성이요 그의
   기르시는 양이로다

4 감사함으로 그의 문에 들어가며 찬송함으로 그의 궁정에
   들어가서 그에게 감사하며 그의 이름을 송축할지어다

5 여호와는 선하시니 그의 인자하심이 영원하고 그의 성실
   하심이 대대에 이르리로다

성품묵상

어떤 신을 섬기고 어떤 주인을 만나느냐에 따라
종들의 삶은 달라집니다.
고대 근동 사람들이 믿었던 다른 신들은
대부분 인간을 노예화하고 제물 삼기도 했습니다.
인간 세상의 많은 주인들은
무거운 짐을 종에게 부여하고 착취했습니다.

그러나 여호와 하나님은 성실하고 인자하게
우리를 사랑해 주시는 분입니다.
덕분에 우리는 창조주 하나님을
기쁘게 찬양하며
그 앞에 나아갈 수 있습니다.

우리는 날마다 감사함으로
그 문에 들어가는 은총을 받은 인생입니다.

기도

주님! 주님의 존재로 인해 기뻐하고 감사하면서 주를 섬기는 주의
백성이 되게 하소서. 아멘!

나를 닮아가는 것이
안전하단다

시편 101:1-8 주님을 따르는 완전한 길

1 내가 인자와 정의를 노래하겠나이다 여호와여 내가 주께
찬양하리이다

2 내가 완전한 길을 주목하오리니 주께서 어느 때나 내게
임하시겠나이까 내가 완전한 마음으로 내 집 안에서 행하
리이다

3 나는 비천한 것을 내 눈 앞에 두지 아니할 것이요 배교자
들의 행위를 내가 미워하오리니 나는 그 어느 것도 붙들
지 아니하리이다

4 사악한 마음이 내게서 떠날 것이니 악한 일을 내가 알지
아니하리로다

5 자기의 이웃을 은근히 헐뜯는 자를 내가 멸할 것이요 눈
  이 높고 마음이 교만한 자를 내가 용납하지 아니하리로다

6 내 눈이 이 땅의 충성된 자를 살펴 나와 함께 살게 하리니
  완전한 길에 행하는 자가 나를 따르리로다

7 거짓을 행하는 자는 내 집 안에 거주하지 못하며 거짓말
  하는 자는 내 목전에 서지 못하리로다

8 아침마다 내가 이 땅의 모든 악인을 멸하리니 악을 행하
  는 자는 여호와의 성에서 다 끊어지리로다

성품묵상

시편 기자는

하나님의 성품이신 인자와 정의

즉 사랑과 공의를 노래하겠다고 선언합니다.

여호와 하나님을 찬양하며 살면서

그분을 닮아가며 사는 것보다

더 귀한 가치가 없습니다.

내 집안에서부터

하나님의 성품을 실천하며 사는 것이

가장 완전한 길입니다.

악한 일에서 떠나고

자기 이웃을 은근히 헐뜯지 않으며

교만하지 않고 거짓말하지 않고 살 수 있기를

간절히 소망합니다.

내가 가정 안에서 말하고 행동할 때 어떤 성품이 가장 부족하다고 느껴지나요? 하나님의 성품을 닮아가려면 오늘 내가 구체적으로 무엇을 실천해야 하는지 적어보세요.

기도

주님! 귀하신 주님의 성품이 내 집안에서부터 실천되도록 도와주옵소서! 날마다 사랑과 공의의 성품을 노래하며 살게 하소서. 아멘!

나는 영원하단다

시편 102:1-2, 7, 11-13, 17-18, 23-28 **다음 세대를 향한 기도**

1 여호와여 내 기도를 들으시고 나의 부르짖음을 주께 상달
하게 하소서

2 나의 괴로운 날에 주의 얼굴을 내게서 숨기지 마소서 주
의 귀를 내게 기울이사 내가 부르짖는 날에 속히 내게 응
답하소서

7 내가 밤을 새우니 지붕 위의 외로운 참새 같으니이다

11 내 날이 기울어지는 그림자 같고 내가 풀의 시들어짐 같으
니이다

12 여호와여 주는 영원히 계시고 주에 대한 기억은 대대에
이르리이다

13 주께서 일어나사 시온을 긍휼히 여기시리니 지금은 그에
게 은혜를 베푸실 때라 정한 기한이 다가옴이니이다

17 여호와께서 빈궁한 자의 기도를 돌아보시며 그들의 기도
를 멸시하지 아니하셨도다

18 이 일이 장래 세대를 위하여 기록되리니 창조함을 받을 백
성이 여호와를 찬양하리로다

23 그가 내 힘을 중도에 쇠약하게 하시며 내 날을 짧게 하셨
도다

24 나의 말이 나의 하나님이여 나의 중년에 나를 데려가지
마옵소서 주의 연대는 대대에 무궁하니이다

25 주께서 옛적에 땅의 기초를 놓으셨사오며 하늘도 주의 손
으로 지으신 바니이다

26 천지는 없어지려니와 주는 영존하시겠고 그것들은 다 옷
같이 낡으리니 의복 같이 바꾸시면 바뀌려니와

27 주는 한결같으시고 주의 연대는 무궁하리이다

28 주의 종들의 자손은 항상 안전히 거주하고 그의 후손은
주 앞에 굳게 서리이다 하였도다

성품묵상

외로운 지붕 위의 참새처럼
밤새며 여호와께 기도하는 그 기도가
장래 세대를 위해 기록되는 것과,
그 기록을 보고 백성들이 대대로 찬양하는 것을 꿈꾸는
시편 기자의 마음처럼

우리 연수는 짧고 허망하지만
주님은 영원하시니
우리 기도를 속히 이루어 주시길 소망합니다.

우리 힘이 중도에 쇠약해지지 않으며
중년에 데려가지 마시도록 간구하면서
오늘 우리에게 주신 다음 세대를 향한 기도가
영원무궁한 일들이 되도록 기도합니다.

하나님의 영원하심을 묵상하면서 오늘 나의 염려를 그분
께 맡겨보세요.

나의 염려 던지기

①

②

③

④

⑤

기도

주님! 주의 종들의 자손들이 항상 안전히 거주하고, 우리의 후손들
이 영원토록 주 앞에 굳게 서는 자손들이 되게 하소서. 아멘!

독수리 같이
새롭게 해줄게!

시편 103:1-5, 8-14, 17-18, 22 **인자와 긍휼의 하나님**

1 내 영혼아 여호와를 송축하라 내 속에 있는 것들아 다 그의 거룩한 이름을 송축하라

2 내 영혼아 여호와를 송축하며 그의 모든 은택을 잊지 말지어다

3 그가 네 모든 죄악을 사하시며 네 모든 병을 고치시며

4 네 생명을 파멸에서 속량하시고 인자와 긍휼로 관을 씌우시며

5 좋은 것으로 네 소원을 만족하게 하사 네 청춘을 독수리 같이 새롭게 하시는도다

8 여호와는 긍휼이 많으시고 은혜로우시며 노하기를 더디 하시고 인자하심이 풍부하시도다

9 자주 경책하지 아니하시며 노를 영원히 품지 아니하시리로다

10 우리의 죄를 따라 우리를 처벌하지는 아니하시며 우리의 죄악을 따라 우리에게 그대로 갚지는 아니하셨으니

11 이는 하늘이 땅에서 높음 같이 그를 경외하는 자에게 그
의 인자하심이 크심이로다

12 동이 서에서 먼 것 같이 우리의 죄과를 우리에게서 멀리
옮기셨으며

13 아버지가 자식을 긍휼히 여김 같이 여호와께서는 자기를
경외하는 자를 긍휼히 여기시나니

14 이는 그가 우리의 체질을 아시며 우리가 단지 먼지뿐임을
기억하심이로다

17 여호와의 인자하심은 자기를 경외하는 자에게 영원부터
영원까지 이르며 그의 의는 자손의 자손에게 이르리니

18 곧 그의 언약을 지키고 그의 법도를 기억하여 행하는 자
에게로다

22 여호와의 지으심을 받고 그가 다스리시는 모든 곳에 있는
너희여 여호와를 송축하라 내 영혼아 여호와를 송축하라

성품묵상

우리가 하나님을 송축해야 할 이유는
그분의 성품 때문입니다.

여호와의 성품은 긍휼이 많으시고
은혜로우시며 노하시기를 더디 하시고
인자하심이 풍부하십니다.

자주 화내지 않으시며
노를 영원히 품지 않으시는
좋은 성품의 근본이십니다.
하늘이 땅에서 높음같이 인자하심이 크고
동이 서에서 먼 것 같이 우리 죄를 용서해 주셨습니다.

우리 체질을 이해하시고
아버지가 자식을 긍휼히 여김같이
우리를 긍휼히 여겨주십니다.

그분은 오늘도 우리의 청춘을 독수리처럼
새롭게 해주시겠다고 약속해 주시는
사랑의 아버지이십니다.

우리의 청춘을 독수리처럼 새롭게 해주시겠다고 약속하시는 하나님 아버지께 소원을 아뢰보세요.

기도

우리의 청춘을 독수리 같이 새롭게 하시는 주님을 찬양합니다. 모든 병을 고쳐주시는 하나님 아버지를 영원토록 사랑합니다. 아멘!

마음에 즐거움이
가득한 사람

시편 104:1, 24, 27-29, 33-35 위대한 창조자 하나님

1 내 영혼아 여호와를 송축하라 여호와 나의 하나님이여 주
   는 심히 위대하시며 존귀와 권위로 옷 입으셨나이다

24 여호와여 주께서 하신 일이 어찌 그리 많은지요 주께서
   지혜로 그들을 다 지으셨으니 주께서 지으신 것들이 땅에
   가득하니이다

27 이것들은 다 주께서 때를 따라 먹을 것을 주시기를 바라
   나이다

28 주께서 주신즉 그들이 받으며 주께서 손을 펴신즉 그들이
   좋은 것으로 만족하다가

29 주께서 낯을 숨기신즉 그들이 떨고 주께서 그들의 호흡을
거두신즉 그들은 죽어 먼지로 돌아가나이다

33 내가 평생토록 여호와께 노래하며 내가 살아 있는 동안
내 하나님을 찬양하리로다

34 나의 기도를 기쁘게 여기시기를 바라나니 나는 여호와로
말미암아 즐거워하리로다

35 죄인들을 땅에서 소멸하시며 악인들을 다시 있지 못하게
하시리로다 내 영혼아 여호와를 송축하라 할렐루야

성품묵상

여호와 하나님의 이름을 부르고

그분이 하시는 일을 만민 중에 알게 하는 사람.

여호와 하나님이 하신

모든 기이한 일들을 말하고 증거하는 사람.

여호와 하나님의 이름을 자랑하는 사람,

여호와 하나님의 능력을 갈구하는 사람,

여호와 하나님께 감사하다고 찬양하는 사람.

이런 사람들의 마음은

항상 즐거움으로 가득합니다.

온 땅과 만물이 결국 그분의 생각과 계획대로

이루어질 것을 믿기 때문입니다.

주님! 어렵고 힘들 때도
아버지의 이름을 부르고 자랑하게 하소서.
아버지의 능력으로 살게 하소서.

항상 아버지를 즐거워함으로
우리의 인생을 새롭게 하소서.

기도

여호와로 인하여 날마다 즐거워하며 찬양하는 삶을 살게 하소서.
아멘!

나를 구하는 자는
마음이 즐겁단다

시편 105:1-4, 7 진정한 기쁨

1 여호와께 감사하고 그의 이름을 불러 아뢰며 그가 하는
  일을 만민 중에 알게 할지어다

2 그에게 노래하며 그를 찬양하며 그의 모든 기이한 일들을
  말할지어다

3 그의 거룩한 이름을 자랑하라 여호와를 구하는 자들은
  마음이 즐거울지로다

4 여호와와 그의 능력을 구할지어다 그의 얼굴을 항상 구할
  지어다

7 그는 여호와 우리 하나님이시라 그의 판단이 온 땅에 있
  도다

성품묵상

하나님을 사랑하는 사람들은

그 형편이 어떠하든 즐거워하고 기뻐합니다.

위대한 그분의 성품을 알고 있기 때문입니다.

시편 기자는 "여호와를 구하는 자들은

마음이 즐거울지로다"라고 노래합니다.

진정한 기쁨은

'어려운 상황이나 형편 속에서도

불평하지 않고 즐거운 마음을

유지하는 태도'(좋은나무성품학교 정의)입니다.

우리를 지으신 분의 임재 안에서

진정한 기쁨을 소유하게 됩니다.

기도

주님! 여호와의 능력을 구하며 제 인생을 다스려주시길 간구합니
다. 주님의 성품으로 온 땅을 덮어주옵소서. 아멘!

너를 언제나
돌본단다

시편 106:1-5 주님 나라의 기쁨

1 할렐루야 여호와께 감사하라 그는 선하시며 그 인자하심
   이 영원함이로다

2 누가 능히 여호와의 권능을 다 말하며 주께서 받으실 찬
   양을 다 선포하랴

3 정의를 지키는 자들과 항상 공의를 행하는 자는 복이 있
   도다

4 여호와여 주의 백성에게 베푸시는 은혜로 나를 기억하시
   며 주의 구원으로 나를 돌보사

5 내가 주의 택하신 자가 형통함을 보고 주의 나라의 기쁨
   을 나누어 가지게 하사 주의 유산을 자랑하게 하소서

성품묵상

주님의 돌보심으로 형통하게 하셔서

주께서 택하신 사람들의 인생을 보고

세상이 놀라게 하시며

우리의 모습이

주님 나라의 기쁨이 되게 하시길 소망합니다.

우리가 주님 나라의 기쁨을 나누어 갖고

주께서 우리에게 주신

주의 유산을 자랑하게 하소서.

기도

주님의 권능을 찬양하고 기뻐합니다. 날마다 주님의 은혜로 살게
하소서. 아멘!

네 소원의 항구로
인도해줄게!

시편 107:23-31, 33-36, 43 **인자하신 하나님의 인도**

23 배들을 바다에 띄우며 큰 물에서 일을 하는 자는

24 여호와께서 행하신 일들과 그의 기이한 일들을 깊은 바다
에서 보나니

25 여호와께서 명령하신즉 광풍이 일어나 바다 물결을 일으
키는도다

26 그들이 하늘로 솟구쳤다가 깊은 곳으로 내려가나니 그 위
험 때문에 그들의 영혼이 녹는도다

27 그들이 이리저리 구르며 취한 자 같이 비틀거리니 그들의
모든 지각이 혼돈 속에 빠지는도다

28 이에 그들이 그들의 고통 때문에 여호와께 부르짖으매 그
가 그들의 고통에서 그들을 인도하여 내시고

29 광풍을 고요하게 하사 물결도 잔잔하게 하시는도다

30 그들이 평온함으로 말미암아 기뻐하는 중에 여호와께서 그들이 바라는 항구로 인도하시는도다

31 여호와의 인자하심과 인생에게 행하신 기적으로 말미암아 그를 찬송할지로다

33 여호와께서는 강이 변하여 광야가 되게 하시며 샘이 변하여 마른 땅이 되게 하시며

34 그 주민의 악으로 말미암아 옥토가 변하여 염전이 되게 하시며

35 또 광야가 변하여 못이 되게 하시며 마른 땅이 변하여 샘물이 되게 하시고

36 주린 자들로 말미암아 거기에 살게 하사 그들이 거주할 성읍을 준비하게 하시고

43 지혜 있는 자들은 이러한 일들을 지켜 보고 여호와의 인자하심을 깨달으리로다

성품묵상

인생은 큰 바다 같아서
광풍과 풍랑이 쉬지 않고 몰려옵니다.

이리저리 휘몰아칠 때 고통 속에서
하나님께 부르짖으면 고요하게 하시며
소원의 항구로 인도하십니다.

하나님의 주권은
강이 변하여 광야가 되게도 하시며
샘이 변하여 마른 땅이 되게도 하십니다.

지혜 있는 자가 되어

인생을 향한 하나님의 주권을 깨닫고
그분의 행하심을 찬양하며 의지하고 사는
인생이 되길 소망합니다.

광풍과 풍랑이 나를 공격할 때가 인내의 성품을 배울 수 있는 기회입니다. 좋은나무성품학교의 인내의 성품 정의를 써보면서 내가 인내해야 할 것들을 주님께 아뢰보세요.

인내란, 좋은 일이 이루어질 때까지
불평 없이 참고 기다리는 것

_좋은나무성품학교 정의

기도

주님! 우리에게 몰아치는 광풍을 명령하시어 평온케 하옵소서. 소원의 항구로 인도해 주옵소서. 아멘!

네 마음을
정하길 바란다

시편 108:1-6 마음을 다하는 찬양

1 하나님이여 내 마음을 정하였사오니 내가 노래하며 나의
  마음을 다하여 찬양하리로다

2 비파야, 수금아, 깰지어다 내가 새벽을 깨우리로다

3 여호와여 내가 만민 중에서 주께 감사하고 뭇 나라 중에
  서 주를 찬양하오리니

4 주의 인자하심이 하늘보다 높으시며 주의 진실은 궁창에
  까지 이르나이다

5 하나님이여 주는 하늘 위에 높이 들리시며 주의 영광이
  온 땅에서 높임 받으시기를 원하나이다

6 주께서 사랑하시는 자들을 건지시기 위하여 우리에게 응
  답하사 오른손으로 구원하소서

성품묵상

좋은 성품은 좋은 습관을 만들기로 작정하고
마음을 정하는 것에서 시작됩니다.

세상에서 가장 아름다운 습관은
하나님께 마음을 정하고 새벽을 깨우며
하나님을 찬양하는 것입니다.

하늘보다 높으신
주의 존귀함을 선포하는 찬양이
영원토록 우리를 통해 일어나기를 소망합니다.

기도

주님! 어떠한 상황에서도 하나님을 찬양하며 살도록 마음을 정하
는 사람이 되게 하소서. 아멘!

나를 건지소서

시편 109:21, 25-28 주님께 드리는 간구

21 그러나 주 여호와여 주의 이름으로 말미암아 나를 선대하
소서 주의 인자하심이 선하시오니 나를 건지소서

25 나는 또 그들의 비방 거리라 그들이 나를 보면 머리를 흔
드나이다

26 여호와 나의 하나님이여 나를 도우시며 주의 인자하심을
따라 나를 구원하소서

27 이것이 주의 손이 하신 일인 줄을 그들이 알게 하소서 주
여호와께서 이를 행하셨나이다

28 그들은 내게 저주하여도 주는 내게 복을 주소서 그들은 일
어날 때에 수치를 당할지라도 주의 종은 즐거워하리이다

성품묵상

자신을 악하게 대하는 자를

어떻게 대면해야 하는지

명쾌하게 보여주시는 말씀입니다.

주께서 원수 갚아주시길 기도로 아뢰면서

자신을 보호해 주시길 간구하고 있습니다.

그들은 내게 저주하여도

주는 내게 복을 달라고 간구하면서

자신을 건지시고 구원해 주실 분은

오직 하나님 한 분뿐이심을 고백합니다.

기도

주의 이름 때문에 저희를 건지시고 지켜주옵소서. 우리의 연약함을
주께서 강건케 하옵소서. 아멘!

너희는
새벽이슬이란다

시편 110:1-7 거룩한 주님의 백성

1 여호와께서 내 주에게 말씀하시기를 내가 네 원수들로 네 발판이 되게 하기까지 너는 내 오른쪽에 앉아 있으라 하셨도다

2 여호와께서 시온에서부터 주의 권능의 규를 내보내시리니 주는 원수들 중에서 다스리소서

3 주의 권능의 날에 주의 백성이 거룩한 옷을 입고 즐거이 헌신하니 새벽 이슬 같은 주의 청년들이 주께 나오는도다

4 여호와는 맹세하고 변하지 아니하시리라 이르시기를 너는 멜기세덱의 서열을 따라 영원한 제사장이라 하셨도다

5 주의 오른쪽에 계신 주께서 그의 노하시는 날에 왕들을 쳐서 깨뜨리실 것이라

6 뭇 나라를 심판하여 시체로 가득하게 하시고 여러 나라의 머리를 쳐서 깨뜨리시며

7 길 가의 시냇물을 마시므로 그의 머리를 드시리로다

성품묵상

하나님은 맹세하고
변하지 않는 분이십니다.

영원한 대제사장이신
예수 그리스도를 통한 약속들을
우리에게 베푸신 그 은혜가 영원합니다.

지금도 하나님의 오른쪽에 앉으셔서 권능으로
우리를 지켜주시는 그분의 은혜로
주의 백성들이 새벽이슬 같이 거룩한 옷을 입고
주 앞에 나와 기쁨으로 살아갈 수 있습니다.

기도

주님! 영원한 대제사장이 되어주셔서 감사합니다. 주의 권능으로
날마다 새벽이슬 같은 주의 청년들로 살게 하소서. 아멘!

나를 경외함이
지혜의 근본이란다

시편 111:2-5, 10 신실하신 하나님

2 여호와께서 행하시는 일들이 크시오니 이를 즐거워하는
   자들이 다 기리는도다

3 그의 행하시는 일이 존귀하고 엄위하며 그의 의가 영원히
   서 있도다

4 그의 기적을 사람이 기억하게 하셨으니 여호와는 은혜로
   우시고 자비로우시도다

5 여호와께서 자기를 경외하는 자들에게 양식을 주시며 그
   의 언약을 영원히 기억하시리로다

10 여호와를 경외함이 지혜의 근본이라 그의 계명을 지키는
   자는 다 훌륭한 지각을 가진 자이니 여호와를 찬양함이
   영원히 계속되리로다

성품묵상

하나님이 하시는 일마다

위대하고 존귀하여,

주님을 찾는 자마다

놀라고 기뻐하지 않을 수 없습니다.

그분은 자기를 신뢰하는 자와 맺은 약속마다

신실하게 모두 지키시고

만족하게 하십니다.

지혜의 근본이신 여호와를 경외함이

영원한 가치입니다.

기도

하시는 일마다 놀랍고 경이로운 주님을 사랑합니다. 오늘도 주님의
명철로 저희 인생들을 다스려 주옵소서. 아멘!

나의 계명을
즐거워 하렴

시편 112:1-7 잘되는 사람들

1 할렐루야, 여호와를 경외하며 그의 계명을 크게 즐거워하는 자는 복이 있도다

2 그의 후손이 땅에서 강성함이여 정직한 자들의 후손에게 복이 있으리로다

3 부와 재물이 그의 집에 있음이여 그의 공의가 영구히 서 있으리로다

4 정직한 자들에게는 흑암 중에 빛이 일어나나니 그는 자비롭고 긍휼이 많으며 의로운 이로다

5 은혜를 베풀며 꾸어 주는 자는 잘 되나니 그 일을 정의로 행하리로다

6 그는 영원히 흔들리지 아니함이여 의인은 영원히 기억되리로다

7 그는 흉한 소문을 두려워하지 아니함이여 여호와를 의뢰하고 그의 마음을 굳게 정하였도다

성품묵상

잘되는 사람들의 특징은

• 여호와를 경외하고 즐거워합니다.

• 정직하고 자비롭고 긍휼하며 의로움이 있습니다.

• 은혜를 베풀며 꾸어주기를 잘합니다.

• 흉한 소문을 두려워하지 않고

  여호와를 의뢰하며 흔들리지 않습니다.

잘되는 사람들의 자손들은

땅에서 강성해지고 복을 받는다고

시편 기자는 노래합니다.

여호와를 경외하는 부모가 되어

후손에게 복을 전해주고

모든 일이 잘되는 사람이 되길 소망합니다.

기도

여호와를 경외하고 주의 계명을 즐거워하는 사람이 되어 복 있는

사람이 되게 하옵소서.

내 이름을
찬양해주렴

시편 113:2-9 할렐루야

2 이제부터 영원까지 여호와의 이름을 찬송할지로다

3 해 돋는 데에서부터 해 지는 데에까지 여호와의 이름이
찬양을 받으시리로다

4 여호와는 모든 나라보다 높으시며 그의 영광은 하늘보다
높으시도다

5 여호와 우리 하나님과 같은 이가 누구리요 높은 곳에 앉
으셨으나

6 스스로 낮추사 천지를 살피시고

7 가난한 자를 먼지 더미에서 일으키시며 궁핍한 자를 거름
더미에서 들어 세워

8 지도자들 곧 그의 백성의 지도자들과 함께 세우시며

9 또 임신하지 못하던 여자를 집에 살게 하사 자녀들을 즐
겁게 하는 어머니가 되게 하시는도다 할렐루야

성품묵상

여호와는 해 돋는 데서부터
해지는 데까지 영원토록
그 이름을 찬송 받기에
부족함이 없는 분이십니다.

높으신 분이시나 스스로 낮추시어
인생을 굽어보시며
사랑과 공의로 보살피시는 아버지이십니다.
그분의 성품으로 부족한 인생들이
온전해지는 기적들을 봅니다.

오늘도 여호와 하나님의 이름으로 인해
연약한 부분들이 채워지는 역사가 있는
귀한 날 되길 소원합니다.

기도

여호와의 이름을 영원토록 찬양하는 인생이 되게 하소서. 아멘!

모든 일이 불가능하다고
생각될 때

시편 114:1-6 기적과 같은 주님의 통치

1 이스라엘이 애굽에서 나오며 야곱의 집안이 언어가 다른
　민족에게서 나올 때에

2 유다는 여호와의 성소가 되고 이스라엘은 그의 영토가 되
　었도다

3 바다가 보고 도망하며 요단은 물러갔으니

4 산들은 숫양들 같이 뛰놀며 작은 산들은 어린 양들 같이
　뛰었도다

5 바다야 네가 도망함은 어찌함이며 요단아 네가 물러감은
　어찌함인가

6 너희 산들아 숫양들 같이 뛰놀며 작은 산들아 어린 양들
　같이 뛰놂은 어찌함인가

성품묵상

오래 전 이스라엘 민족이

애굽에서 나올 때

하나님은 놀라운 기적들을 보이셔서
그들을 구해주셨고 그 나라를 세워주셨습니다.

이집트의 노예였던 그들은
이제는 하나님의 성소, 그의 영토가 되었습니다.

하나님은 홍해와 요단이
갈라지는 기적을 보여주셨고
산과 바다가 떨며 복종하는 기적을 보여주셔서
그의 백성을 보호하시고 다스려 주십니다.

오늘도 우리 삶에서 불가능한 일들을
기적처럼 이루어 주시는 여호와께
우리 힘이 미치지 못하는
그 영역을 맡기고 드리는
소중한 날이 되길 소망합니다.

기도

도저히 안 되는, 불가능할 것 같은 그 영역을 다스려 주옵소서. 주
님의 통치로, 주님의 영토가 되게 하소서. 아멘!

나는 너희의
도움이요 방패란다

시편 115:9–18 복을 주시는 하나님

9 이스라엘아 여호와를 의지하라 그는 너희의 도움이시요
너희의 방패시로다

10 아론의 집이여 여호와를 의지하라 그는 너희의 도움이시
요 너희의 방패시로다

11 여호와를 경외하는 자들아 너희는 여호와를 의지하여라
그는 너희의 도움이시요 너희의 방패시로다

12 여호와께서 우리를 생각하사 복을 주시되 이스라엘 집에
도 복을 주시고 아론의 집에도 복을 주시며

13 높은 사람이나 낮은 사람을 막론하고 여호와를 경외하는
자들에게 복을 주시리로다

14 여호와께서 너희를 곧 너희와 너희의 자손을 더욱 번창하

게 하시기를 원하노라

15 너희는 천지를 지으신 여호와께 복을 받는 자로다

16 하늘은 여호와의 하늘이라도 땅은 사람에게 주셨도다

17 죽은 자들은 여호와를 찬양하지 못하나니 적막한 데로

내려가는 자들은 아무도 찬양하지 못하리로다

18 우리는 이제부터 영원까지 여호와를 송축하리로다 할렐

루야

성품묵상

우리가 살아있을 때 할 수 있는

가장 귀한 가치는 여호와를 찬양하는 일입니다.

죽은 자들은

여호와를 찬양하지 못하기 때문이지요.

그분을 도움과 방패로 삼아 찬양하며 살 때

우리는 천지를 지으신 하나님께

복을 받으며 사는 인생이 됩니다.

여호와는 복 주길 원하시는 분이시며

우리와 우리 자손이 번성하기를

원하시는 분이십니다.

하나님은 우리 인생의

영원한 도움이시고

방패이십니다.

하나님께서는 그를 의지하는 자들에게 복을 주십니다. 그 사실을 진실로 믿는 사람은 '긍정적인 태도'의 성품으로 힘 있게 살아갑니다. 긍정적인 태도의 성품 정의를 써보며, 일상에서 긍정적인 태도를 어떻게 실천할 수 있을지 생각해 보세요.

기도

주님! 여호와를 찬양하며 의지하는 인생이 되게 하옵소서. 나와 나의 자녀들이 번성하는 복을 받게 하시며 영원한 방패와 도움이 되어주옵소서. 아멘!

네 음성을 귀 기울여
듣고 있단다

시편 116:1-6 기도를 들으시는 하나님

1 여호와께서 내 음성과 내 간구를 들으시므로 내가 그를
   사랑하는도다

2 그의 귀를 내게 기울이셨으므로 내가 평생에 기도하리
   로다

3 사망의 줄이 나를 두르고 스올의 고통이 내게 이르므로
   내가 환난과 슬픔을 만났을 때에

4 내가 여호와의 이름으로 기도하기를 여호와여 주께 구하
   오니 내 영혼을 건지소서 하였도다

5 여호와는 은혜로우시며 의로우시며 우리 하나님은 긍휼
   이 많으시도다

6 여호와께서는 순진한 자를 지키시나니 내가 어려울 때에
   나를 구원하셨도다

성품묵상

누군가 내 말에 귀를 기울여준다면

그 사람은 행복한 사람입니다.

자존감이 높아지고 자신감도 넘치게 됩니다.

여호와 하나님 앞에서 우리 존재가 그렇습니다.

우리가 힘들고 어려울 때,

그분은 우리가 부르짖는 소리를 들으시고

귀를 기울이셔서 내 음성과 간구를 들으십니다.

그래서 시편 기자는

"내가 평생에 기도하리이다"라고 결단합니다.

오늘도 내 곁에서 긍휼과 사랑으로

내 음성을 듣고 계시는

아버지께 나아가는 새날이 되길 소망합니다.

기도

주님! 내 영혼을 사망에서, 내 눈을 눈물에서, 내 발을 넘어짐에서
건져주셔서 감사합니다. 내 음성과 내 간구를 들어주시는 아버지를
사랑합니다. 아멘!

우리를 향한
그분의 인자하심

시편 117:1-2 인자하시고 진실하신 하나님

1   너희 모든 나라들아 여호와를 찬양하며 너희 모든 백성
    들아 그를 찬송할지어다

2   우리에게 향하신 여호와의 인자하심이 크시고 여호와의
    진실하심이 영원함이로다 할렐루야

성품묵상

우리를 향한 여호와의 인자하심과

영원한 진실함으로 인해

우리 주님을 찬양합니다.

세상은 누가 진실한 사람인지

무엇이 옳은 길인지 혼란스럽게 하고

정치, 경제, 문화는 날마다 두려움을 더해 줍니다.

그러나 우리를 지키시는

그분의 인자하심과 진실하심이

더 크다는 사실에 안심이 됩니다.

여호와 하나님을 찬양합니다. 할렐루야!

기도

주님! 앞날에 대한 두려움으로 막막할 때 주님의 인자하심과 진실
하심을 묵상하게 하소서. 우리를 사랑하시는 주님의 성품을 의지하
며 찬양합니다. 아멘!

나는
네 편이란다

시편 118:5-10, 17, 21, 24, 28 죽지 않고 살아야 하는 이유

5 내가 고통 중에 여호와께 부르짖었더니 여호와께서 응답
하시고 나를 넓은 곳에 세우셨도다

6 여호와는 내 편이시라 내가 두려워하지 아니하리니 사람
이 내게 어찌할까

7 여호와께서 내 편이 되사 나를 돕는 자들 중에 계시니 그
러므로 나를 미워하는 자들에게 보응하시는 것을 내가 보
리로다

8 여호와께 피하는 것이 사람을 신뢰하는 것보다 나으며

9 여호와께 피하는 것이 고관들을 신뢰하는 것보다 낫도다

10 뭇 나라가 나를 에워쌌으니 내가 여호와의 이름으로 그들을 끊으리로다

17 내가 죽지 않고 살아서 여호와께서 하시는 일을 선포하리로다

21 주께서 내게 응답하시고 나의 구원이 되셨으니 내가 주께 감사하리이다

24 이 날은 여호와께서 정하신 것이라 이 날에 우리가 즐거워하고 기뻐하리로다

28 주는 나의 하나님이시라 내가 주께 감사하리이다 주는 나의 하나님이시라 내가 주를 높이리이다

성품묵상

내 편이 누구인가에 따라
경기의 승패는 달라집니다.
여호와가 내 편인 사람은
이미 인생의 경기에서 승리한 사람입니다.

사람을 신뢰하는 것보다 낫고
고관들을 신뢰하는 것보다 낫고
강한 나라를 신뢰하는 것보다 낫습니다.

우리가 죽지 않고
열심히 살아야 하는 이유는
그분의 영광을 위해서입니다.

하나님께서 하시는 일들이
우리 인생들을 통해 증명되어
영광을 받으시길 소망합니다.

내가 하나님보다 사람을 더 신뢰하지는 않는지요? 내가 하나님보다 그 어떤 것도 더 신뢰하지 않겠다고 결단하는 기도를 적어보세요.

기도

나의 하나님이신 주님을 영원히 감사하고 찬양을 드립니다. 이 나라와 이 민족을 지켜주시고 우리의 산업을 보호하시며 우리의 방패와 도움이 되어주옵소서. 아멘!

내 말은 고난 중의
위로란다

시편 119:9, 11, 50, 67, 72, 105 말씀을 사모하는 삶

9 청년이 무엇으로 그의 행실을 깨끗하게 하리이까 주의 말
씀만 지킬 따름이니이다

11 내가 주께 범죄하지 아니하려 하여 주의 말씀을 내 마음
에 두었나이다

50 이 말씀은 나의 고난 중의 위로라 주의 말씀이 나를 살리
셨기 때문이니이다

67 고난 당하기 전에는 내가 그릇 행하였더니 이제는 주의
말씀을 지키나이다

72 주의 입의 법이 내게는 천천 금은보다 좋으니이다

105 주의 말씀은 내 발에 등이요 내 길에 빛이니이다

성품묵상

시편에서 가장 긴 119편은
하나님의 말씀에 대한 찬양으로
가득한 아름다운 장입니다.

우리 인생에서 성경보다
더 귀한 것은 없습니다.
주의 말씀이 우리를 살리고
우리를 지키고, 우리를 인도합니다.

내 발에 등이고 내 길에 빛이신
주의 말씀으로
현재와 미래를 맡기는
귀한 인생이 되길 기도합니다.

기도

주님! 날마다 더 깊이 주의 말씀을 사모합니다. 주의 말씀으로 더
깊이 여호와 하나님을 알고 사랑하게 하옵소서. 아멘!

내게
부르짖으라!

시편 120:1-2, 6-7 응답하시는 하나님

1 내가 환난 중에 여호와께 부르짖었더니 내게 응답하셨도다

2 여호와여 거짓된 입술과 속이는 혀에서 내 생명을 건져

   주소서

6 내가 화평을 미워하는 자들과 함께 오래 거주하였도다

7 나는 화평을 원할지라도 내가 말할 때에 그들은 싸우려

   하는도다

성품묵상

환난 중에 할 수 있는
가장 긍정적인 선택은
여호와께 부르짖는 일입니다.

그분은 우리의 부르짖음에 응답하시는
'경청하시는 하나님'이십니다.

하나님만이
나를 속이는 입술과 혀에서 건져 주시고
화평을 깨뜨리는 어둠의 계략에서
우리를 건져 주십니다.

기도

주님! 나를 무너뜨리려고 달려오는 모든 어둠의 계략에서 건져 주
옵소서. 내가 부르짖을 때 응답해 주셔서 감사합니다. 아멘!

졸지 않고
너를 본단다

시편 121:1-8 나를 지키시는 하나님

1 내가 산을 향하여 눈을 들리라 나의 도움이 어디서 올까

2 나의 도움은 천지를 지으신 여호와에게서로다

3 여호와께서 너를 실족하지 아니하게 하시며 너를 지키시
   는 이가 졸지 아니하시리로다

4 이스라엘을 지키시는 이는 졸지도 아니하시고 주무시지도
   아니하시리로다

5 여호와는 너를 지키시는 이시라 여호와께서 네 오른쪽에
   서 네 그늘이 되시나니

6 낮의 해가 너를 상하게 하지 아니하며 밤의 달도 너를 해
   치지 아니하리로다

7 여호와께서 너를 지켜 모든 환난을 면하게 하시며 또 네
   영혼을 지키시리로다

8 여호와께서 너의 출입을 지금부터 영원까지 지키시리로다

성품묵상

산 같은 걱정 근심이 밀려올 때
우리의 도움은 여호와 하나님 한 분뿐이십니다.

천지를 지으신 하나님의 도움은
우리가 실족하지 않게 지키시며
환난을 면케 하십니다.

우리의 출입을
지금부터 영원까지 지키시는
하나님을 신뢰합니다.

기도

낮의 해도, 밤의 달도 우리를 상하게 하지 않도록 지켜주셔서 감사
합니다. 모든 환난에서 면케 하시고 모든 출입을 지켜주옵소서. 아
멘!

나의 임재를
사모하거라

시편 122:1-3, 6-7, 9 주님의 임재를 사모하는 삶

1 사람이 내게 말하기를 여호와의 집에 올라가자 할 때에
내가 기뻐하였도다

2 예루살렘아 우리 발이 네 성문 안에 섰도다

3 예루살렘아 너는 잘 짜여진 성읍과 같이 건설되었도다

6 예루살렘을 위하여 평안을 구하라 예루살렘을 사랑하는
자는 형통하리로다

7 네 성 안에는 평안이 있고 네 궁중에는 형통함이 있을지
어다

9 여호와 우리 하나님의 집을 위하여 내가 너를 위하여 복
을 구하리로다

성품묵상

이스라엘 사람들에게 예루살렘 성은
특별한 애정을 쏟는 사랑의 장소입니다.
그 성에 거하시는 하나님의 임재를
사모하기 때문입니다.

시편 기자는 여호와의 집에 올라가자 할 때
기뻐하였다고 고백합니다.
다른 사람이 성전으로 향하는 발걸음을
기뻐하는 전도자의 마음인 것이죠.

또한, 그는 예루살렘을 사랑하는 자는
형통할 것이라고 선포합니다.

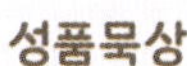

오늘날 하나님이 임재하시는 성전은
교회와 성도입니다.

주께서 거하시는 곳마다 평안과 형통함이
가득하길 기도합니다.

주님의 성전인 교회들이
부흥하고 회복되길 소망하고

이 땅의 성도들이
주의 임재로 말미암아
새롭게 되고 충만해지길 간구합니다.

나의 몸과 마음은 주님을 모시고 사는 거룩한 성전입니다. 오늘, 거룩한 성전이 되기 위해 내가 더 순종해야 하는 것은 무엇인가요?

기도

주님! 예루살렘 성을 사모하는 시편 기자처럼 날마다 주의 임재를 사모하게 하소서. 이 땅의 성도와 교회들이 성령으로 충만하게 하소서. 아멘!

악인의 멸시와
조롱이 가득할 때

시편 123:1-4 은혜와 긍휼의 하나님

1 하늘에 계시는 주여 내가 눈을 들어 주께 향하나이다

2 상전의 손을 바라보는 종들의 눈 같이, 여주인의 손을 바라보는 여종의 눈 같이 우리의 눈이 여호와 우리 하나님을 바라보며 우리에게 은혜 베풀어 주시기를 기다리나이다

3 여호와여 우리에게 은혜를 베푸시고 또 은혜를 베푸소서 심한 멸시가 우리에게 넘치나이다

4 안일한 자의 조소와 교만한 자의 멸시가 우리 영혼에 넘치나이다

성품묵상

하나님의 은혜를 구하는 심령이 가득한 시입니다.

하나님께서 우리를 불쌍히 여겨

도와주시길 기다리는

시편 기자의 마음이 느껴집니다.

하나님을 바라보며 그의 긍휼하심을

간구하는 기도가 오늘 우리의 기도가 됩니다.

우리 인생은 여호와의 긍휼하심 덕분에

오늘도 이어질 수 있습니다.

우리가 영원한 죄인의 자리에서 일어나

주의 자녀로 살 수 있는 유일한 이유는

하나님의 긍휼이 우리를 덮었기 때문입니다.

오늘도 우리는 예수 그리스도 보혈의 힘으로

매일매일 하나님의 은혜와 긍휼 속에서

살게 되었음을 고백합니다.

기도

날마다 우리의 연약함을 주의 긍휼로 덮어주옵소서. 아멘!

너를 올무에서
벗어나게 했단다

시편 124:1, 6-7, 8 도움 되시는 하나님

1 이스라엘은 이제 말하기를 여호와께서 우리 편에 계시지
아니하셨더라면 우리가 어떻게 하였으랴

6 우리를 내주어 그들의 이에 씹히지 아니하게 하신 여호와
를 찬송할지로다

7 우리의 영혼이 사냥꾼의 올무에서 벗어난 새 같이 되었나
니 올무가 끊어지므로 우리가 벗어났도다

8 우리의 도움은 천지를 지으신 여호와의 이름에 있도다

성품묵상

여호와께서 우리를 지키시지 않으셨다면

세상 풍파의 올무에서

씹히고 잡아먹혔을 것이라고

시편 기자는 고백합니다.

우리를 세상 풍파에서 지키시고

악한 사람들과 세월 속에서 지키시며

보존해 주시는 주님을 찬양합니다!

사냥꾼의 올무에서 벗어난 새 같이

우리의 영혼을 지켜주시는

주님의 은혜에 감사드립니다.

우리 인생을 죄악의 올무에서 끊어주시고

구원해 주시는 여호와 하나님을 찬송합니다.

기도

우리의 도움은 천지를 지으신 여호와께 있음을 고백합니다. 모든
올무에서 건져주시고 보호해 주셔서 감사합니다. 아멘!

흔들리지
않으려면

시편 125:1–5 평강을 주시는 하나님

1 여호와를 의지하는 자는 시온 산이 흔들리지 아니하고 영
   원히 있음 같도다

2 산들이 예루살렘을 두름과 같이 여호와께서 그의 백성을
   지금부터 영원까지 두르시리로다

3 악인의 규가 의인들의 땅에서는 그 권세를 누리지 못하리
   니 이는 의인들로 하여금 죄악에 손을 대지 아니하게 함
   이로다

4 여호와여 선한 자들과 마음이 정직한 자들에게 선대하소
   서

5 자기의 굽은 길로 치우치는 자들은 여호와께서 죄를 범하
   는 자들과 함께 다니게 하시리로다 이스라엘에게는 평강
   이 있을지어다

성품묵상

"주께서 심지가 견고한 자를 평강하고
평강하도록 지키시리니
이는 그가 주를 신뢰함이니이다"(이사야 26:3)라고
성경은 고백합니다.

주를 의지하지 않는 자들은
바람에 나는 겨와 같은
인생을 살며 악을 행합니다.

날마다 주를 의지하고 신뢰함으로
평강을 지키며 여호와께서
선대하시는 사람이 되기를 소망합니다.

심지가 견고한 사람이 되어
주를 의지하며 흔들리지 않는
인생이 되길 기도합니다.

기도

나를 지키시는 주께 모든 시선이 고정되게 하소서. 아멘!

열매를 거두는
기쁨을 누려보렴

시편 126:3, 5-6 **보응하시는 하나님**

3 여호와께서 우리를 위하여 큰 일을 행하셨으니 우리는 기

   쁘도다

5 눈물을 흘리며 씨를 뿌리는 자는 기쁨으로 거두리로다

6 울며 씨를 뿌리러 나가는 자는 반드시 기쁨으로 그 곡식

   단을 가지고 돌아오리로다

성품묵상

우리는 눈물을 흘리며 씨를 뿌리는 자에게

기쁨으로 거두게 하시는 하나님을 바라보고

인내하며 좋은 일이 일어날 그때까지

기다려야 합니다.

여호와께서 결국은 우리를 위하여

큰일을 이루시기 때문입니다.

눈물을 흘리며 씨를 뿌리는 자에게는
기쁨으로 거두는 보상이 따라옵니다.
그래서 믿음으로 약속을 받은 자들에게
꼭 필요한 성품은 인내입니다.

인내란 '좋은 일이 이루어질 때까지
불평 없이 참고 기다리는 것'
(좋은나무성품학교 정의)입니다.

오늘도 주께서 주시는 열매를
기쁨으로 거두기 위하여 인내를 실천하는
귀한 날이 되길 소망합니다.

기도

기쁨으로 거두기 위하여 오늘의 눈물을 참고 견디게 하시며 씨를
뿌리는 수고를 포기하지 않게 하옵소서. 아멘!

사랑하는 자에게
잠을 허락한단다

시편 127:1-5 세우시는 하나님

1 여호와께서 집을 세우지 아니하시면 세우는 자의 수고가 헛되며 여호와께서 성을 지키지 아니하시면 파수꾼의 깨어 있음이 헛되도다

2 너희가 일찍이 일어나고 늦게 누우며 수고의 떡을 먹음이 헛되도다 그러므로 여호와께서 그의 사랑하시는 자에게는 잠을 주시는도다

3 보라 자식들은 여호와의 기업이요 태의 열매는 그의 상급이로다

4 젊은 자의 자식은 장사의 수중의 화살 같으니

5 이것이 그의 화살통에 가득한 자는 복되도다 그들이 성문에서 그들의 원수와 담판할 때에 수치를 당하지 아니하리로다

성품묵상

하나님은 세우시는 분입니다.

인생을 스스로 세우고자 애쓰는 자는

삶이 고달프고 허망합니다.

인생의 길을 주께 맡기는 자는

달콤한 잠을 선물로 받는

평강의 인생을 살게 됩니다.

집을 세우시는 하나님께서

상급으로 주신 자녀들과 복을 누리는

인생이 되길 소원하면서

다음 세대를 세우시는 주님을 찬양합니다.

기도

집을 세우시는 하나님을 찬양합니다. 주님이 주신 달콤한 잠을 누리는 평강을 허락하소서. 자녀들로 인하여 복이 되는 가정이 되게 하소서. 아멘!

네가 복되고
형통할 것이란다

시편 128:1-6 여호와를 경외하는 길

1 여호와를 경외하며 길을 걷는 자마다 복이 있도다

2 네가 네 손이 수고한 대로 먹을 것이라 네가 복되고 형통
   하리로다

3 네 집 안방에 있는 네 아내는 결실한 포도나무 같으며 네
   식탁에 둘러 앉은 자식들은 어린 감람나무 같으리로다

4 여호와를 경외하는 자는 이같이 복을 얻으리로다

5 여호와께서 시온에서 네게 복을 주실지어다 너는 평생에
   예루살렘의 번영을 보며

6 네 자식의 자식을 볼지어다 이스라엘에게 평강이 있을지
   로다

성품묵상

여호와를 경외하는 사람에게는

수고한 대로 결실을 얻게 하시며

화목한 가정이 되는

복을 누리게 하신다고 약속하십니다.

여호와께서 주시는 복을 누리며

자녀의 자녀를 보는

장수의 축복과 평강을 누리는

복 있는 인생이 되길 소원합니다.

기도

주님! 여호와를 경외하는 복을 누리는 인생이 되게 하소서. 아멘!

내가 악인의
줄을 끊는단다

시편 129:1-6 승리의 하나님

1 이스라엘은 이제 말하기를 그들이 내가 어릴 때부터 여러 번 나를 괴롭혔도다

2 그들이 내가 어릴 때부터 여러 번 나를 괴롭혔으나 나를 이기지 못하였도다

3 밭 가는 자들이 내 등을 갈아 그 고랑을 길게 지었도다

4 여호와께서는 의로우사 악인들의 줄을 끊으셨도다

5 무릇 시온을 미워하는 자들은 수치를 당하여 물러갈지어다

6 그들은 지붕의 풀과 같을지어다 그것은 자라기 전에 마르는 것이라

성품묵상

이 노래는
하나님의 성전으로 올라갈 때 부른 노래로,
수많은 나라들이 이스라엘을 치려 했으나
여호와의 도우심으로
결국 이긴 역사를 기억하며 부른 노래입니다.

우리 인생도 날마다 괴로운 일로 가득 차고
죽이려고 달려드는 어둠의 공격을 받지만,
결국은 하나님의 도우심으로
승리함을 기억해야 합니다.

악인들은 지붕의 풀과 같이
자라기 전에 마르는 허무한 존재임을 깨닫고
승리를 선포하는 귀한 날 되길 소망합니다.

기도

나를 괴롭히는 일들이 모두 물러나게 하시고 주님의 승리로 날마
다 이기는 인생이 되게 하소서. 아멘!

내 영혼이 주님을
사모하는 이유

시편 130:1-2, 4-8 속량하시는 하나님

1 여호와여 내가 깊은 곳에서 주께 부르짖었나이다

2 주여 내 소리를 들으시며 나의 부르짖는 소리에 귀를 기울
이소서

4 그러나 사유하심이 주께 있음은 주를 경외하게 하심이니
이다

5 나 곧 내 영혼은 여호와를 기다리며 나는 주의 말씀을 바
라는도다

6 파수꾼이 아침을 기다림보다 내 영혼이 주를 더 기다리나
니 참으로 파수꾼이 아침을 기다림보다 더하도다

7 이스라엘아 여호와를 바랄지어다 여호와께서는 인자하심
과 풍성한 속량이 있음이라

8 그가 이스라엘을 그의 모든 죄악에서 속량하시리로다

성품묵상

파수꾼이 기다리는 것은 아침입니다.
짙은 어둠과 암흑도 아침이 오면 사라집니다.

우리 영혼이 더욱 주님을 사모하는 이유는
나를 어둠과 혼란에서 건지시는
풍성한 주님의 용서와 사랑의 회복 때문입니다.

모든 죄악에서 속량하시는
여호와의 인자하심과 풍성하심이 우리 시대를 덮으셔서
빛으로 인도해 주시길 간구합니다.

기도

파수꾼이 아침을 사모함 같이 우리에게 빛으로 오시옵소서. 이 시대의 어둠과 암흑에서 우리를 건지시고 인도하소서. 날마다 우리 주님을 더 사모하고 말씀을 더 바라게 하옵소서. 아멘!

내 마음이 요동칠 때

시편 131:1-3 젖 뗀 아이처럼

1 여호와여 내 마음이 교만하지 아니하고 내 눈이 오만하지 아니하오며 내가 큰 일과 감당하지 못할 놀라운 일을 하려고 힘쓰지 아니하나이다

2 실로 내가 내 영혼으로 고요하고 평온하게 하기를 젖 뗀 아이가 그의 어머니 품에 있음 같게 하였나니 내 영혼이 젖 뗀 아이와 같도다

3 이스라엘아 지금부터 영원까지 여호와를 바랄지어다

성품묵상

엄마 품 안에서 젖을 충분히 먹은 아기가
누리는 평안과 충만함!
생각만 해도 행복합니다.

시편 기자는 "내가 내 영혼으로
고요하고 평온하게 하기를 젖 뗀 아이가

그의 어머니 품에 있음 같게 하였다"고 말합니다.

그렇게 하기 위한 노력으로
① 마음을 교만하게 하지 않는 것
② 내 눈을 오만하게 뜨지 않는 것
③ 허망한 일과 힘이 못 미치는 일에 힘을 쏟지 않는 것
④ 지금부터 영원토록 여호와를 바라는 것 등
자기 영혼의 고요한 평안을 위해
노력한다고 말합니다.

젖 뗀 아이가 엄마 품 안에서 누리는
평강의 관계처럼 주와 동행하기를 기도합니다.

기도

젖 뗀 아이의 충만한 행복감을 주님의 품속에서 누릴 수 있도록 우
리 영혼을 힘써 지키게 하옵소서. 아멘!

내가 너를
만족하게 할 것이란다

시편 132:13-18 주님이 영원히 거하실 성전

13 여호와께서 시온을 택하시고 자기 거처를 삼고자 하여 이르시기를

14 이는 내가 영원히 쉴 곳이라 내가 여기 거주할 것은 이를 원하였음이로다

15 내가 이 성의 식료품에 풍족히 복을 주고 떡으로 그 빈민을 만족하게 하리로다

16 내가 그 제사장들에게 구원을 옷 입히리니 그 성도들은 즐거이 외치리로다

17 내가 거기서 다윗에게 뿔이 나게 할 것이라 내가 내 기름 부음 받은 자를 위하여 등을 준비하였도다

18 내가 그의 원수에게는 수치를 옷 입히고 그에게는 왕관이 빛나게 하리라 하셨도다

성품묵상

시편 132편에는

다윗이 하나님의 성전을 건축하기로 하고

전능자의 거하실 성막을 찾아 겸손히 예배할 때,

다윗에게 주신 하나님의 약속이 담겨있습니다.

주께서 영원히 그 성막에 거주하시며

먹을 것을 풍족히게 하고

구원으로 옷을 입히고 높이시며

수치를 당하지 않게 하시며

왕관이 빛나게 하신다는 약속을 주셨습니다.

이 약속은 말씀을 믿는

모든 성도들에게 동일합니다.

우리 몸을 주께서 영원히 거하실

성전으로 인정하고 기뻐하는

성도들에게 주신 영원한 약속입니다.

기도

우리 몸이 주께서 쉬실 영원한 거처가 되소서. 주께서 주신 그 약속

안에 살게 하소서.

세상에서 가장
선하고 아름다운 일은

시편 133:1–3 선하고 아름다운 일

1   보라 형제가 연합하여 동거함이 어찌 그리 선하고 아름다
운고

2   머리에 있는 보배로운 기름이 수염 곧 아론의 수염에 흘러
서 그의 옷깃까지 내림 같고

3   헐몬의 이슬이 시온의 산들에 내림 같도다 거기서 여호와
께서 복을 명령하셨나니 곧 영생이로다

성품묵상

세상에서 가장 선하고 아름다운 일은

형제가 연합하여 동행하는 일입니다.

하나님의 나라가 이들을 통하여 계승됩니다.

서로 복음 안에서 하나가 될 때

주의 권능이 머리에 기름 부으신 바 되고

주의 영광이 온 땅에 내림같이

아름다운 영생의 복을

우리가 누릴 수 있게 됩니다.

기도

주님! 주의 자녀들이 아버지의 나라와 그 뜻을 위하여 연합하고 동
거하게 하옵소서. 서로 뜻을 합하여 이 세상에서 할 수 있는 가장
아름다운 복들을 짓는 사람들이 되게 하시며 주의 영광과 기쁨이
되게 하소서. 아멘!

나를 기뻐하고
찬양하렴

시편 134:1–3 주님을 기뻐하는 삶

1 보라 밤에 여호와의 성전에 서 있는 여호와의 모든 종들
  아 여호와를 송축하라

2 성소를 향하여 너희 손을 들고 여호와를 송축하라

3 천지를 지으신 여호와께서 시온에서 네게 복을 주실지
  어다

성품묵상

모두가 잠든 밤에도 더 간절함으로

여호와를 갈망하는 사람에게

하나님은 주목하십니다.

'또 여호와를 기뻐하라.

저가 네 마음의 소원을 이루어 주시리로다'

(시편 37:4)라고 하신 것처럼

하나님을 마음으로 기뻐하며 손을 들고

여호와를 송축하는 사람은

우리 인생을 주관하시는 창조주 하나님께서

복을 주심으로 형통케 인도하십니다.

기도

날마다 주님을 송축하고 갈망합니다. 복의 근원이 되시는 주님을

기뻐하며 사는 인생이 되게 하소서. 아멘!

내가 너를 특별한 소유로
택하였단다

시편 135:3-6, 15-18, 21 선하고 아름다운 이름

3 여호와를 찬송하라 여호와는 선하시며 그의 이름이 아름
   다우니 그의 이름을 찬양하라

4 여호와께서 자기를 위하여 야곱 곧 이스라엘을 자기의 특
   별한 소유로 택하셨음이로다

5 내가 알거니와 여호와께서는 위대하시며 우리 주는 모든
   신들보다 위대하시도다

6 여호와께서 그가 기뻐하시는 모든 일을 천지와 바다와 모
   든 깊은 데서 다 행하셨도다

15 열국의 우상은 은금이요 사람의 손으로 만든 것이라

16 입이 있어도 말하지 못하며 눈이 있어도 보지 못하며

17 귀가 있어도 듣지 못하며 그들의 입에는 아무 호흡도 없
나니

18 그것을 만든 자와 그것을 의지하는 자가 다 그것과 같으리
로다

21 예루살렘에 계시는 여호와는 시온에서 찬송을 받으실지
어다 할렐루야

성품묵상

우리가 여호와를 찬양해야 할 이유는

그분이 선하시며

그의 이름이 아름답기 때문입니다.

선하신 그분의 이름 때문에

자신을 의지하는 자에게 위대한 일을 이루십니다.

그러나 많은 사람의 우상은 은금입니다.

즉 돈과 물질을 의지하며

사람의 손으로 만든 허망한 것들을 좇으며

답답한 인생을 살아갑니다.

예배하는 자들과 함께 계시는

여호와 하나님을 의지하는

기쁨의 날이 되길 소망합니다.

허망한 것에 마음을 허비하지 않으려면 '절제의 성품'을 기억하고 실천해야 합니다. 우상을 섬기지 않고 하나님을 더욱 더 의지하고 사랑하기 위해 지금 내가 해야 할 일은 무엇인가요?

절제란
'내가 하고 싶은 대로 하지 않고
꼭 해야 할 일을 하는 것'

_좋은나무성품학교 정의

내가 할 일은···

기도

허망한 것에 마음을 허비하는 우상 숭배자가 되지 않게 하시며 오직 창조주 하나님만 의지하고 찬양하는 주의 자녀들이 되게 하소서. 아멘!

나의 인자함은
영원하단다

시편 136:4, 23-26 **감사의 이유**

4 홀로 큰 기이한 일들을 행하시는 이에게 감사하라 그 인
 자하심이 영원함이로다

23 우리를 비천한 가운데에서도 기억해 주신 이에게 감사하
 라 그 인자하심이 영원함이로다

24 우리를 우리의 대적에게서 건지신 이에게 감사하라 그 인
 자하심이 영원함이로다

25 모든 육체에게 먹을 것을 주신 이에게 감사하라 그 인자
 하심이 영원함이로다

26 하늘의 하나님께 감사하라 그 인자하심이 영원함이로다

성품묵상

하나님의 인자하심은

한 국가와 민족을 이끄시는

위대함으로 나타나기도 하고

한 개인을 인도하심으로도 표현됩니다.

홀로 놀랍고 위대한 일을 행하시는

크신 하나님의 능력을 찬양합니다.

하나님의 인자하신 성품으로

이루신 모든 일에 감사를 드립니다.

기도

온 세상을 주의 인자하심으로 덮어주셔서 감사합니다. 오늘도 주의
영원한 인자하심 속에 거하고 누리게 하소서. 아멘!

시온을 기억하며
울어야 할 때

시편 137:1, 5-8 고난 속에 부르는 탄식의 노래

1 우리가 바벨론의 여러 강변 거기에 앉아서 시온을 기억하며 울었도다

5 예루살렘아 내가 너를 잊을진대 내 오른손이 그의 재주를 잊을지로다

6 내가 예루살렘을 기억하지 아니하거나 내가 가장 즐거워하는 것보다 더 즐거워하지 아니할진대 내 혀가 내 입천장에 붙을지로다

7 여호와여 예루살렘이 멸망하던 날을 기억하시고 에돔 자손을 치소서 그들의 말이 헐어 버리라 헐어 버리라 그 기초까지 헐어 버리라 하였나이다

8 멸망할 딸 바벨론아 네가 우리에게 행한 대로 네게 갚는 자가 복이 있으리로다

성품묵상

예루살렘이 함락되고 바벨론에서

포로가 되어 살아가는 시인의 탄식시입니다.

하나님께 예배하며 살던

고향 예루살렘을 잊지 못하고

예배와 찬양의 기쁨을 누리던

시온성을 기억하며 울고 있는

시편 기자의 마음이 슬픔으로 다가옵니다.

하나님께 범죄하여 나라가 망하고

예배의 기쁨이 소멸된 비극이

얼마나 큰 상실인지 알게 해줍니다.

오늘 우리가 누리는 하나님 아버지의 친밀감이

얼마나 큰 축복인지 깨닫고

예배자의 삶이 회복되는 날 되길 소망합니다.

기도

이 나라와 민족을 보호해 주셔서 이 땅에 예배가 끊어지지 않게 하
시며 자자손손 주와 함께 걷는 자녀가 되게 하옵소서. 아멘!

너와 관계된 것들을
완전케 할 것이란다

시편 138:3-8 소성케 하시는 하나님

3 내가 간구하는 날에 주께서 응답하시고 내 영혼에 힘을
주어 나를 강하게 하셨나이다

4 여호와여 세상의 모든 왕들이 주께 감사할 것은 그들이
주의 입의 말씀을 들음이오며

5 그들이 여호와의 도를 노래할 것은 여호와의 영광이 크심
이니이다

6 여호와께서는 높이 계셔도 낮은 자를 굽어살피시며 멀리
서도 교만한 자를 아심이니이다

7 내가 환난 중에 다닐지라도 주께서 나를 살아나게 하시고
주의 손을 펴사 내 원수들의 분노를 막으시며 주의 오른
손이 나를 구원하시리이다

8 여호와께서 나를 위하여 보상해 주시리이다 여호와여 주
의 인자하심이 영원하오니 주의 손으로 지으신 것을 버리
지 마옵소서

성품묵상

내가 간구할 때 응답하시고

내 영혼을 강건하게 하시는

하나님이 계셔서 두려움이 사라집니다.

하나님 아버지는 나를 가장 잘 아시기에

환난 당할 때 나를 구하시고

다시 소성케 하시는 분이십니다.

오늘도 내게 관계된 것을 완전케 하시는

창조주 하나님의 권능을

의지하며 살기를 소원합니다.

기도

높이 계셔도 낮은 자를 살피시고 멀리서도 교만한 자를 아시는 권
능의 아버지께서 환난 중의 나를 소성케 해주시고 악에서 보호해
주시니 감사합니다. 내게 관계된 것들마다 완전케 해주시는 주님의
인자하심을 영원토록 찬양합니다. 아멘!

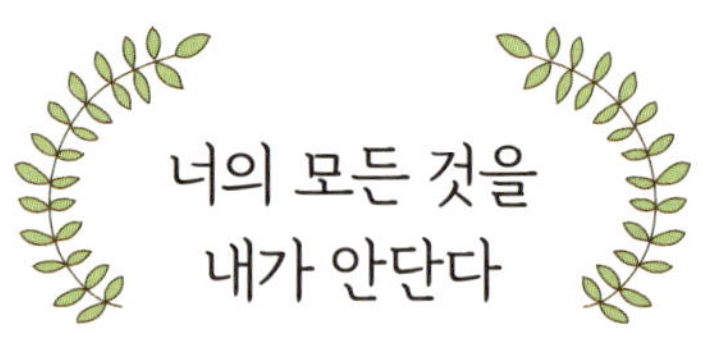

시편 139:1-4, 13-14, 17 나를 가장 잘 아시는 주님

1 여호와여 주께서 나를 살펴 보셨으므로 나를 아시나이다

2 주께서 내가 앉고 일어섬을 아시고 멀리서도 나의 생각을
밝히 아시오며

3 나의 모든 길과 내가 눕는 것을 살펴 보셨으므로 나의 모
든 행위를 익히 아시오니

4 여호와여 내 혀의 말을 알지 못하시는 것이 하나도 없으
시니이다

13 주께서 내 내장을 지으시며 나의 모태에서 나를 만드셨나
이다

14 내가 주께 감사하옴은 나를 지으심이 심히 기묘하심이라
주께서 하시는 일이 기이함을 내 영혼이 잘 아나이다

17 하나님이여 주의 생각이 내게 어찌 그리 보배로우신지요
그 수가 어찌 그리 많은지요

성품묵상

나의 앉고 일어섬을 아시고
내 생각, 행위, 내 혀의 모든 말까지 아시는 주님이
나의 길과 눕는 것, 내 인생의 전후를
두루 안수하시며 보호하시고 인증해 주십니다.

그분은 신묘막측하게 모태에서부터
나를 창조하시고
나를 향한 보배로운 생각과 계획으로 가득 찬
사랑의 아버지입니다.

우리가 감사할 수밖에 없는 사실은
이 세상에서 나를 가장 잘 아시는 그분이
지금도 나를 사랑하시고 가장 보배로운 길로
손잡고 함께 걸어가 주신다는 사실입니다.

기도

가장 보배롭고 기이한 길로 나를 인도해 주시고 사랑해 주셔서 감
사합니다. 아멘!

날개로 너를
보호한단다

시편 140:6-8, 11-13 공의로우신 하나님

6 내가 여호와께 말하기를 주는 나의 하나님이시니 여호와
여 나의 간구하는 소리에 귀를 기울이소서 하였나이다

7 내 구원의 능력이신 주 여호와여 전쟁의 날에 주께서 내
머리를 가려 주셨나이다

8 여호와여 악인의 소원을 허락하지 마시며 그의 악한 꾀
를 이루지 못하게 하소서 그들이 스스로 높일까 하나이
다 (셀라)

11 악담하는 자는 세상에서 굳게 서지 못하며 포악한 자는
재앙이 따라서 패망하게 하리이다

12 내가 알거니와 여호와는 고난 당하는 자를 변호해 주시며
궁핍한 자에게 정의를 베푸시리이다

13 진실로 의인들이 주의 이름에 감사하며 정직한 자들이 주
의 앞에서 살리이다

성품묵상

나를 구원해 주시는 하나님 아버지는
전쟁의 날에도 나의 머리를 감추시고
보호해 주시는 능력의 아버지이십니다.

그분은 우리의 간구를 들으시고
응답해 주시는 하나님이시며
고난당하는 자를 신원하시며
힘이 없고 궁핍한 자에게 공의를 펼치십니다.

간구하기는 악인들이
세상에서 기를 펴지 못하게 하시고
강포한 자들이 패망하기를 간구합니다.

기도

무고하게 악담하는 자들에게 벌을 주시고 악한 자들이 패망하는
세상이 되게 하소서. 아멘!

내 입술을
지켜야 할 때

시편 141:1-4 나의 기도를 들으시는 하나님

1 여호와여 내가 주를 불렀사오니 속히 내게 오시옵소서 내
   가 주께 부르짖을 때에 내 음성에 귀를 기울이소서

2 나의 기도가 주의 앞에 분향함과 같이 되며 나의 손 드는
   것이 저녁 제사 같이 되게 하소서

3 여호와여 내 입에 파수꾼을 세우시고 내 입술의 문을 지
   키소서

4 내 마음이 악한 일에 기울어 죄악을 행하는 자들과 함께
   악을 행하지 말게 하시며 그들의 진수성찬을 먹지 말게
   하소서

성품묵상

우리의 기도는 주께 올리는 제사이며

피조물인 인생이 드릴 수 있는 최고의 영광입니다.

경청하는 성품의 근원자 되신 주님은

우리의 기도를 기뻐하시며

귀 기울여 들어주십니다.

간구하기는

내 입에 파수꾼을 세워

내 입술이 지혜롭게 말할 수 있도록 도와주시고

악을 행하지 않도록 지켜주시길 소망합니다.

기도

아침과 저녁에 드리는 우리의 기도가 아버지께 드리는 향기로운

기쁨이 되게 하시며 입술을 지켜 온전한 사람이 되게 하시고 악에

서 건져 주옵소서. 아멘!

마음이
비천할 때

1   내가 소리 내어 여호와께 부르짖으며 소리 내어 여호와께
    간구하는도다

3   내 영이 내 속에서 상할 때에도 주께서 내 길을 아셨나이
    다 내가 가는 길에 그들이 나를 잡으려고 올무를 숨겼나
    이다

5   여호와여 내가 주께 부르짖어 말하기를 주는 나의 피난처
    시요 살아 있는 사람들의 땅에서 나의 분깃이시라 하였나
    이다

6   나의 부르짖음을 들으소서 나는 심히 비천하니이다 나를
    핍박하는 자들에게서 나를 건지소서 그들은 나보다 강하
    니이다

성품묵상

내 심령이 상할 일들이 몰아치고
역경이 내 앞을 막을 때도
주님은 내 길을 아시고 인도하십니다.

다만 나보다 강한 세상에서 내가 선택할 일은
소리 내어 여호와께 부르짖으며
소리 내어 간구하는 일입니다.

인생이 할 수 있는 가장 긍정적인 선택은
모든 것을 다스리시는 여호와 하나님께
의지하고 기도하는 일이지요.

주는 우리의 피난처이시고 가장 좋은 것들을
우리에게 주시는 분입니다.
오늘도 우리의 부르짖음으로
세상을 얻는 귀한 시간 되길 소망합니다.

기도

나를 핍박하는 악한 것들로부터 지켜주시고 주께 기도하며 가는
인생이 되게 하소서. 아멘!

나의 인도함을
받으렴

시편 143:8, 10-12 인도하시는 하나님

8 아침에 나로 하여금 주의 인자한 말씀을 듣게 하소서 내
가 주를 의뢰함이니이다 내가 다닐 길을 알게 하소서 내
가 내 영혼을 주께 드림이니이다

10 주는 나의 하나님이시니 나를 가르쳐 주의 뜻을 행하게
하소서 주의 영은 선하시니 나를 공평한 땅에 인도하소서

11 여호와여 주의 이름을 위하여 나를 살리시고 주의 의로
내 영혼을 환난에서 끌어내소서

12 주의 인자하심으로 나의 원수들을 끊으시고 내 영혼을 괴
롭게 하는 자를 다 멸하소서 나는 주의 종이니이다

성품묵상

주님을 의지하며 사는 사람은

아침마다 말씀을 사모하고

오늘 걸어야 할 길을 의탁하며

인도함 받기를 갈망하는 사람입니다.

주님은 선하신 분이시기에 우리를 살리시고

주의 뜻을 행케 하시며

공평한 땅으로 인도해 주십니다.

오늘도 주님이 행하시는 모든 일이

주의 이름 때문에

영광스럽게 이루어지는 날이 되길 소망합니다.

기도

아침마다 주의 인자한 말씀을 듣게 하시고 나의 다닐 길을 알게 하
소서. 아멘!

내가 가치 없다고
느껴질 때

시편 144:1-4, 9 가르치시고 인도하시는 하나님

1 나의 반석이신 여호와를 찬송하리로다 그가 내 손을 가르
쳐 싸우게 하시며 손가락을 가르쳐 전쟁하게 하시는도다

2 여호와는 나의 사랑이시요 나의 요새이시요 나의 산성이
시요 나를 건지시는 이시요 나의 방패이시니 내가 그에게
피하였고 그가 내 백성을 내게 복종하게 하셨나이다

3 여호와여 사람이 무엇이기에 주께서 그를 알아 주시며 인
생이 무엇이기에 그를 생각하시나이까

4 사람은 헛것 같고 그의 날은 지나가는 그림자 같으니이다

9 하나님이여 내가 주께 새 노래로 노래하며 열 줄 비파로
주를 찬양하리이다

성품묵상

우리를 지으신 창조주 하나님은

우리가 해야 할 일과 가야 할 길을

정확하게 가르쳐 주시고

성취하게 해 주시는 인도자이십니다.

우리의 영원한 방패와 피난처가 되시는 주님을

날마다 새로운 마음으로 찬양하고

기뻐할 수밖에 없는 이유는

그림자 같은 허무한 인생 속에서

진정한 승리를 주시는

인자하신 아버지이시기 때문입니다.

기도

사람이 무엇이기에 그토록 귀하게 여기시며 사랑해 주시는지요.

날마다 새로운 마음으로 노래하고 찬양하며 살게 하소서. 아멘!

나의 통치는
영원하단다

시편 145:1, 3, 8, 9, 13, 18–19 **왕이신 나의 하나님**

1 왕이신 나의 하나님이여 내가 주를 높이고 영원히 주의 이름을 송축하리이다

3 여호와는 위대하시니 크게 찬양할 것이라 그의 위대하심을 측량하지 못하리로다

8 여호와는 은혜로우시며 긍휼이 많으시며 노하기를 더디 하시며 인자하심이 크시도다

9 여호와께서는 모든 것을 선대하시며 그 지으신 모든 것에 긍휼을 베푸시는도다

13 주의 나라는 영원한 나라이니 주의 통치는 대대에 이르리이다

18 여호와께서는 자기에게 간구하는 모든 자 곧 진실하게 간구하는 모든 자에게 가까이 하시는도다

19 그는 자기를 경외하는 자들의 소원을 이루시며 또 그들의 부르짖음을 들으사 구원하시리로다

성품묵상

위대한 왕이신 하나님을 송축하며 찬양할 이유는
그는 위대하시고 하시는 일마다 선하시고
긍휼을 베푸시는 분이시기 때문입니다.

그의 성품은 은혜로우시며 노하기를 더디 하시고
인자하십니다. 그분의 통치는 영원하시며
주의 나라는 대대로 흘러가는 견고한 나라입니다.

그분은 진실하게 간구하는 모든 자를
가까이하시며 소원을 들어주시는 하나님이십니다.

기도

인자하신 나의 하나님은 나의 영원한 왕이십니다. 오늘도 우리의 삶
을 다스려 주시고 대대손손 주의 긍휼을 흘러가게 하옵소서. 우리의
모든 간구를 들어주셔서 마음의 소원을 이루어 주옵소서. 아멘!

인생을
의지하지 말렴

시편 146:1-5 하나님께 소망을 두는 삶

1 할렐루야 내 영혼아 여호와를 찬양하라

2 나의 생전에 여호와를 찬양하며 나의 평생에 내 하나님을
  찬송하리로다

3 귀인들을 의지하지 말며 도울 힘이 없는 인생도 의지하지
  말지니

4 그의 호흡이 끊어지면 흙으로 돌아가서 그 날에 그의 생
  각이 소멸하리로다

5 야곱의 하나님을 자기의 도움으로 삼으며 여호와 자기 하
  나님에게 자기의 소망을 두는 자는 복이 있도다

성품묵상

아무리 훌륭하고 강건한 사람의 인생이라도

호흡이 멈추면

모든 것이 끝납니다.

사람을 의지한다는 것은

허무하고 부질없음을 성경은 끊임없이 말합니다.

귀인을 의지하지 말고

도울 힘이 없는 인생도 의지하지 말고

오직 여호와를 의지하고 찬양하라고 하십니다.

여호와 하나님께 소망을 두고 의지하는

복된 삶 되기를 기도합니다.

기도

여호와 하나님을 나의 도움으로 삼고 의지합니다. 허무한 인생을 의
지하여 실망하지 않고 주께 소망을 두고 사는 복을 누리게 하소서.

너의 상처를
싸매줄 거란다

시편 147:1, 3–5, 7, 11, 13–15 지혜가 무궁하신 하나님

1 할렐루야 우리 하나님을 찬양하는 일이 선함이여 찬송하는 일이 아름답고 마땅하도다

3 상심한 자들을 고치시며 그들의 상처를 싸매시는도다

4 그가 별들의 수효를 세시고 그것들을 다 이름대로 부르시는도다

5 우리 주는 위대하시며 능력이 많으시며 그의 지혜가 무궁하시도다

7 감사함으로 여호와께 노래하며 수금으로 하나님께 찬양할지어다

11 여호와는 자기를 경외하는 자들과 그의 인자하심을 바라
는 자들을 기뻐하시는도다

13 그가 네 문빗장을 견고히 하시고 네 가운데에 있는 너의
자녀들에게 복을 주셨으며

14 네 경내를 평안하게 하시고 아름다운 밀로 너를 배불리
시며

15 그의 명령을 땅에 보내시니 그의 말씀이 속히 달리는도다

성품묵상

세상에 살면서 할 수 있는

가장 선하고 아름다운 일은

우리 하나님을 경외하고 찬양하는 일입니다.

그는 상심한 이들을 고치시고

상처를 치유해 주십니다.

하나님은 우리 모두의 상황을

별의 수를 세듯 자세히 아시며

이름대로 부르시듯 우리 각자의 개성을 살려

은총을 주시고 일하게 하십니다.

주를 의지하는 겸손한 자들을 세우시며

교만한 자들을 패망케 하시는

주님은 위대하시며

능력과 지혜가 많은 하나님이십니다.

하나님은 우리의 가정과 직장과 교회까지

우리가 속한 모든 경내를

평안하고 견고케 해주시며

우리 자녀들에게 복을 주시고

풍성한 인생이 되도록 지켜주십니다.

성품 브리지|Character bridge

하나님은 우리를 섬세하게 배려해 주시는 분입니다. 하나님이 최근 나에게 어떤 배려를 베풀어 주셨는지 돌아보고 적어보세요.

배려란
'나와 다른 사람 그리고 환경에 대하여
사랑과 관심을 갖고 잘 관찰하여
보살펴 주는 것'

_좋은나무성품학교 정의

기도

우리를 향해 쏟으시는 그 모든 사랑과 은혜에 감사합니다. 주님은 위대하신 나의 하나님이심을 선포합니다. 아멘!

찬양해야 하는
이유

1 할렐루야 하늘에서 여호와를 찬양하며 높은 데서 그를
  찬양할지어다

3 해와 달아 그를 찬양하며 밝은 별들아 다 그를 찬양할지
  어다

4 하늘의 하늘도 그를 찬양하며 하늘 위에 있는 물들도 그
  를 찬양할지어다

5 그것들이 여호와의 이름을 찬양함은 그가 명령하시므로
  지음을 받았음이로다

6 그가 또 그것들을 영원히 세우시고 폐하지 못할 명령을
  정하셨도다

13 여호와의 이름을 찬양할지어다 그의 이름이 홀로 높으시
  며 그의 영광이 땅과 하늘 위에 뛰어나심이로다

14 그가 그의 백성의 뿔을 높이셨으니 그는 모든 성도 곧 그
  를 가까이 하는 백성 이스라엘 자손의 찬양 받을 이시로
  다 할렐루야

성품묵상

하나님은 모든 만물이 찬양해야 할
위대한 창조주이십니다.

높은 사람이나 낮은 사람이나
어떤 지위에 있든지 어떤 처지에 있든지
모두가 찬양해야 합니다.

해와 달과 별들이 모두 각자의 위치에서
찬양하고 모든 창조의 세계가
그분을 찬양하듯이 말입니다.

하나님의 이름을 찬양해야 하는 이유는
그분이 모든 인생을 지으신 창조주이시고
만물의 주인이시기 때문입니다.

세상의 질서가

그분의 명령을 지키며 따르듯이

우리 인생도 하나님의 명령대로,

주신 사명대로 살 때

참된 삶이 되고 실패하지 않습니다.

오늘도 우리를 지으신

하나님 아버지를 가까이하고 찬양하며 사는

복된 인생이 되길 소망합니다.

내가 가장 사랑하는 찬양곡은 무엇인가요? 그 찬양의 가사를 써보며 하나님을 찬양해 보세요. 기쁨의 성품을 회복하는 시간이 될 것입니다.

기쁨이란,
어려운 상황이나 형편 속에서도
불평하지 않고 즐거운 마음을 유지하는 태도
_좋은나무성품학교 정의

기도

우리를 지으신 명령대로, 우리에게 주신 사명대로 찬양하며 사는 인생이 되게 하옵소서. 아멘!

나로 말미암아
즐거워 하렴

시편 149:1-4 찬양의 즐거움

1 할렐루야 새 노래로 여호와께 노래하며 성도의 모임 가운데에서 찬양할지어다

2 이스라엘은 자기를 지으신 이로 말미암아 즐거워하며 시온의 주민은 그들의 왕으로 말미암아 즐거워할지어다

3 춤 추며 그의 이름을 찬양하며 소고와 수금으로 그를 찬양할지어다

4 여호와께서는 자기 백성을 기뻐하시며 겸손한 자를 구원으로 아름답게 하심이로다

성품묵상

날마다 새 노래로 여호와께 찬양 드리고
성도들이 모일 때마다 새로운 마음으로
찬양 드리는 것이 마땅합니다.

그 이유는 그분이 우리를 지으신 창조주이시며
모든 것을 주관하는 왕이시기 때문입니다.

모든 악기를 동원하고
온몸으로 춤추며
그분을 찬양해야 합니다.

하나님은 자신을 겸손하게 의지하고
찬양하는 자를 기뻐하시며 구원으로
인생을 아름답게 소생시키시는 아버지이십니다.

기도

오늘도 그 이름을 찬양하고 기뻐합니다. 날마다 우리를 기뻐하시는
왕이 되어주시고 다스려 주옵소서. 아멘!

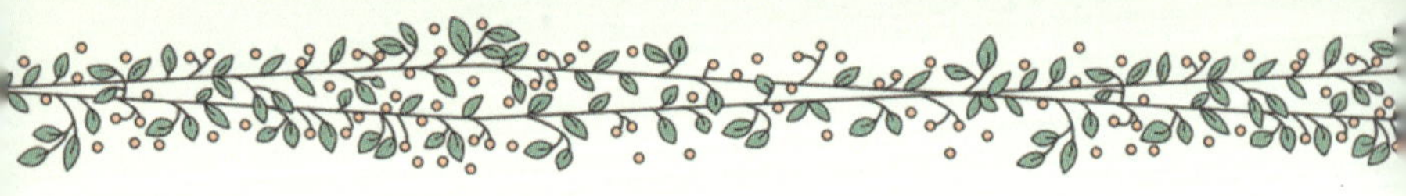

인생의 목적은

시편 150:1-6 하나님을 찬양하는 삶

1 할렐루야 그의 성소에서 하나님을 찬양하며 그의 권능의 궁창에서 그를 찬양할지어다

2 그의 능하신 행동을 찬양하며 그의 지극히 위대하심을 따라 찬양할지어다

3 나팔 소리로 찬양하며 비파와 수금으로 찬양할지어다

4 소고 치며 춤 추어 찬양하며 현악과 퉁소로 찬양할지어다

5 큰 소리 나는 제금으로 찬양하며 높은 소리 나는 제금으로 찬양할지어다

6 호흡이 있는 자마다 여호와를 찬양할지어다 할렐루야

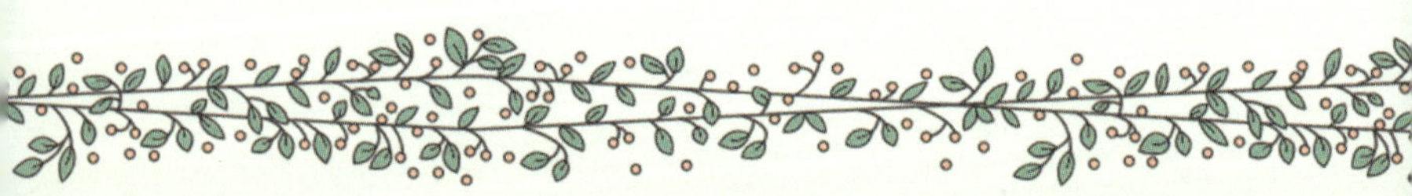

성품묵상

성경에서 가장 긴 책인

시편의 마지막 장입니다.

모든 책의 마지막은 저자의 결론,

즉 저자가 말하고 싶은

신념과 가치관의 종결입니다.

시편 기자의 마지막 메시지는

'호흡이 있는 자마다

여호와를 찬양할지어다'입니다.

하나님을 예배하는 자리에서,

그분의 통치가 거하는 권능의 자리에서,

기쁘게 찬양하며

하나님과 함께 살아가는 것이

가장 소중한 가치이며 인생의 목적입니다.

슬픔과 기쁨이 교차하는 인생의 계곡에서

우리를 지으신 창조주 하나님과

친밀하게 교제하고

그분이 주시는 한없는 은혜를

찬양하며 사는

거룩한 삶이 이어지기를 소망합니다.

할렐루야!

하나님을 찬양하며 그분과 동행하는 것을 인생의 목적으로 삼고 있나요? 여러분 인생의 목적은 무엇인가요? 내 인생의 목적을 적어보고 하나님과 깊은 대화를 나누는 기도 시간을 가져보세요.

기도

세상에서 가장 아름다운 단어인 '할렐루야!'를 외치며 살게 하옵소서. 슬픔과 고통의 계곡에서도 찬양하게 하시고 기쁨과 감사의 계곡에서도 찬양하며 살게 하소서. 아멘!

좋은 성품이란,
갈등과 위기상황에서
더 좋은 생각, 더 좋은 감정,
더 좋은 행동으로
문제를 해결하는 능력

_이영숙, 2005